トルコ

▲ブルー・モスク、円形の屋根と青い空が印象的。
▼トルコの女子学生。

インド

◀象タクシーもこちらでは交通機関。

▲インドの蛇使い。

▼タジマハールの前に立つ著者。

▲デリーのホテルマンはみな素敵だ。

シニアーズ・アブロード

▲雪景色ではないホワイトサンズ。(ニューメキシコ)

◀見事なグレープフルーツを収穫するカナーデソンさん。

▶老人だけが住めるサンシティのマリリンの家。

エジプト

▲カラフルに描かれた地方の商店。

▶さて、駱駝の乗り心地は？

◀おしんを知っていたエジプトの小学生たち。

おばあさんのホームステイ

武田　直子

閉塞を貫く光芒

武田さんの第一印象は、凄いという言葉の一語に尽きる。私は実際は「凄い」という言葉は好きではないし、安易に使いたくはないとも考えているが、『習志野ペン』を通じて知り合った彼女の行動力を表現するとき、この言葉以外に適切なものがない。それはハワイ、オーストラリアと台湾以外の海外に足を運んだことのない私のひがみではないし、またＮＯＶＡで磨いた語学力に大きく凌駕されている羨望からでもない。ただひたすらきびきびした実行力とさばさばした言動から伝わる明朗な人間性とに、とても自分の及ばない女性らしからぬ（これはセクシャルハラメントなのだろうか？）人間の幅広さを感じるからだし、また何事にも積極的に挑戦する懐の深さを知って強い畏敬の念に打たれるからである。

その詳細については私が言葉を並べる必要はなく、この本に収められている作品の数々を読んでいただければ、たちどころに理解できるであろう。ゆったりとおおらかさに満ちた日頃の挙措からは想像できない素早い行動力、並々ならぬ意志の強固さは、まったくその年齢を感じさせない。

『習志野ペン』の合評会の席上、武田さんの作品に対する評価は、内容はもとより、その生きる姿勢から「元気を貰う」という読後感が圧倒的に多い。二十代のバックパッカー（リュックサックに生活用具一式を入れて旅行する人）ならいざ知らず、大正生まれの女性の身で、このように世界を股にかけて行動している人を私は身近に知らない。それもお仕着せの豪華ツアーではなく、ほとんどがシニアーズ・アブロードを利用しての一人旅なのには、ただただ敬服するのみである。この著者の勇気は、不況という閉塞に喘ぐ人々の心情や沈滞という現実に辛うじて耐えている読者の感情を貫く光芒となって、いつも限りない希望を注入してくれる。その旅行記を読むたび、高所恐怖症の私ですら、パスポートをすぐに更新しようかと考えるほど旅への意欲をかき立てられているのだから……。今後も一層、世界くまなく歩を伸ばして、ユニークな体験をさまざまな形で紹介していただきたいと深く願っている。

人はいつも日常を旅のように感じつつ生き、自己の過去に旅に似た郷愁を抱き続ける。私たちの人生を例えれば、未知の時間への旅といえるだろう。武田さんの日常は幅広い人間交流と自在な行動に終始しているから、普通の人の何倍も生きたという感慨と満足感が溢れているに違いない。そうした現在の充足があるのも、長い教職の体験の裏付けがあり、定年後の自治会活動その他への貢献の延長線上にあることは、書いた作品からも十分に窺い知ることができよう。

どうかこの一冊をより多くの人たちがよき人生への糧として十分に読みこなし、ご活用される方が一人でも増加するのを心の底より期待している。

「習志野ペン」同人　寺岡　吉雄

目次

トルコ一周旅行

トルコ航空にはイスタンブール行き直行便があるのに、我々のツアーは、始めと終わりをヘルシンキに泊まるフィンランド航空で十一日間を謳ってある。スケジュール表は、申込金を支払ってから届くようになっていた。他と比べて一万円も安いのはこれだったのだ。

「まあいいか。ヘルシンキなんて、滅多に行かないところだから」

十二月も半ばを過ぎた頃、我々は北欧美女スチュワーデスのサービスを受け、冬のヘルシンキに泊まり、翌日は憧れのボスボラス海峡を渡って、東西文明の接点であるイスタンブールに着いた。

まずは有名な「ブルーモスク」を訪れる。十七世紀初頭、サルタンアフメットが莫大な金貨と七年の歳月を費やして完成したもので、大小のドーム型屋根が流線を描く周囲には、六本のミナレットが天空を高く目指す堂々たるオスマン建築で、内部の丸天井の青タイルがさまざまな紋様を描いて、夢幻の世界を作り出している。イスラム寺院なのでモスクの中は広々として、直径五メートルもある「象の足」と呼ばれる巨大な四本柱がガッシリと本堂を支えていた。

これに対比するのがアヤ・ソフィア。煉瓦色のドームに四本のミナレット。内部は金のモザイクが輝いて、オスマントルコに征服された後、何回も異民族、異教徒の攻撃に耐えて、毅然とした姿を今、再び甦らせている。その昔、約千五百年間はキリスト教寺院として、後の四百年間はイスラム寺院としてアッラーの神への祈りが捧げられ、現在はトルコ共和国の博物館になっている。珍しかったのは院内にある大小の陵《りょう》の形で、小さいのは子どものかと思ったら家来のものと教えられた。

三日目、イスタンブールを出発して愈々トルコ一周の旅に出る。日本の面積の約二倍のアナトリア半島を、時計の針と反対の左回りにバスは進む。チャッナッカレ、イズミール、パムッカレという各都市を観光しては一泊した。

一番の難所は四日目、バムッカレからコンヤを経て、カッパドキアに至る約五百キロの超長距離バスの行程で朝八時に出発し、夕方六時に着くまで、なだらかな丘陵にどこまでも続く小麦畑と、時折、点在する農家と緬羊《めんよう》とポプラばかりを見て、集落があればトイレ休憩するだけで、また出発。もう誰も何も言わない。いつも大声でうるさい隣席の爺殿もグッタリして声はない。狭い座席で何度も足を組み直し、不自由な姿勢でうつらうつらと、どうしようもない時間を過ごさなければならなかった。今や起きているのはドライバー只一人。ドメスティック・エアラインもある筈なのにこのひどいスケジュール。年老いてからの安いパックツアーには用心が肝要だ。靴もはけない状態でやっとカッパドキアに着いた。観光は翌日となる。

素晴らしい！　何と形容してよいのやら。この世にこのような摩訶不思議、奇妙奇天烈な景観がまたと存在し得ようか？　我々は完全に圧倒されてしまった。マッシュルームのお化けのような岩、岩、岩！　太古の昔、噴火によってできた火山台地が、永い年月の風化と浸食によってでき上がった。凝灰岩が頭に玄武岩の帽子を被ってまるできのこのように、またはマントを着た怪人のように、大自然の織り成すいたずらが、幾つも幾つもの異様な地形となって人々の目を見張らせている。内部には洞窟が掘られたものもあり、侵攻から逃れたキリスト教信者の家や教会、修道士の集会所などがあった。外気ばとても冷たく、三十分と立っては居られない。ああ、驚いた。感嘆した。世界遺産の中でも類まれなる雄大な、そしてユーモラスな奇観であった。

ギョロメの町では、絨毯屋さんに連れて行かれた。絨毯屋といっても普通の商店の構えではなく、大きなビルの中で市が直接経営しているとかで、セールスマンも皆、市の職員だということだった。蚕《かいこ》から繭《まゆ》になり、絹糸を取る実演から、若い織り子さんたちが絨毯を織っていく様子も見学させてから、イカツイ髭の課長さんから講議を聞く。そのうちに多勢の市職員たちが手に手に絨毯を運んで来ては、タラタラタラーと広げて見せる。何枚も何枚も大小様々。色とりどりの美しいデザインに目も心も奪われていたが、お値段の高さにも度肝を抜かれた。何十万、何百万である。しかし課長さんをはじめとする売り手の職員は一生懸命で、「日本まで責任を持って送ります。お宅の玄関まで届けます」「トルコは、日本の電気製品を沢山インポートしているではありませんか。テレビ・ビデオ・冷蔵庫・自動車。日本製が一番多いです」

「日本の人もトルコの絨毯を買って国際協力して下さい」

流暢な日本語だ。私たちはまるで叱られてるみたいで、髭課長の大声に、だんだん気分が悪くなっていった。私たちのツアーでは二十歳代の男性が一人、タオルより大きいくらいのカーペットをボーナスをはたいて一枚三十五万円で買った。私たちはホッとしたけれど、シルクとはいえ、何ともベラボーな値段であった。

パスは首都アンカラへと向かった。私たちのガイドは、四十歳を回ったかと思われるトルコ人男性のダジルで、ドイツの大学を卒業し、日本語もなかなか上手である。添乗員は東京から一緒に来た由美子さん。三十歳代半ばかと思われる才気あるキャリアウーマンで、私は気に入っていたけれど、ガイドの方がいまいち……と言うのは、彼の説明は歴史・産業・政治その他が、いつの間にか「男女の性事情勢」に落ち着くのだ。例えばイスタンブールでは、「この辺りが毎夜ロシア女性が春を売る仕事に立つ場所であります」とか（同じ事を二度言った）。

トルコの女性は早婚で十六歳が平均。結婚は親が定めてしまい、お見合いのときには男性の母親が嫁になる娘と一緒に風呂に入る。つまり体の品定めをするという。トルコの女性は普段はダブダブのモンペのようなものを佩《は》いて、顔はベェールで被っているので、外見ではサッパリ分から

ないからだと言う。ダジルはさらに、

「しかしイスタンブールではそんなことはない。近頃の都会の若い女性は、教育レベルも高く自立していて、そうそう親や夫のいいなりにはならない。実は自分の妻も大卒で、トラベルエイジェンシーのガイドだけれども、八歳も自分より若いのに、日本語も彼女の方が上手で、カカア天下で自分は困っている。この国では離婚はなかなか認められないのだ」と言っている。

彼にその下心あってかどうか？　うちの添乗員由美子さんへのベタツキ方が激しい。我々ツアー客へのサービスよりも、由美子さんへのご気嫌とりが上をいっているのは誰の目にも明らかだ。と旅も終わりに近い頃、実然彼の奥さんがこのバスに乗り込んで来て、皆と行動を共にした。「仕事が一くぎりして、休みが取れたから……」と言うことだったけど、我々は相当ビックリした。皆は後で、彼の奥さんの名前をジェラシーと呼ぶようになった。

彼のガイドの中では、イスラム原理主義者の話が面白かった。彼によると、

「トルコ人の九十九％がイスラム教で、その中でも、アンカラ付近、東アナトリア地方の人たちは九十％が原理主義者。わけもよく分からないのに一日五回の礼拝をする。東は教育も低く、よい仕事もなく、農家の手伝いをしてただ暮らしているだけ。革命によって、アタチュルク首相が首都をアンカラに定めたけど、実際の繁栄はイスタンブールである」と……。

我々はアンカラから夜行列車で、再びイスタンブールへと戻って来た。そしてトトカプ宮殿に行った。

十五世紀半ばから二十世紀初頭にかけて、強大な権力を誇るオスマントルコのサルタンたちの居城として、栄華を極めた豪華絢爛たる宮殿で、そこには莫大な宝物が陳列されている。八十六カラットのダイヤモンドだとか、卵の大きさに匹敵するようなバカでっかいエメラルド、色鮮やかなルビー、サファィヤ、トルコ石、真珠など、金銀財宝は質・量ともに圧倒的で、中でも有名なのは、玉座と短剣トトカプ。ありとあらゆる宝石を、服はもとより、帽子、剣、馬具、椅子などにちりばめられるだけちりばめて、集めに集めたすさまじさ！　もうこうなったら、別に宝石でなくても石ころでも構わないんじゃないか……と言いたくなる。

大王たちは大男で、展示してある洋服の袖がバカに長い。どれも床まで垂れているのである。手長猿ではあるまいし？と不思議に思っていたら、一枚の写真でやっと分かった。王様たちは長い袖をたくし上げて着ていたのだった。

イスタンプールの最終日は自由行動だった。五～六人で電車に乗り、ガラタ橋を渡って浜の方を散策した。歩いているとすぐにトルコ人のお兄さんたちが声をかけて来て、何やかやと親切にしてくれる。バザールや珍しい墓所などに案内してくれたり、電車賃からタクシー代（日本円で百円くらい）まで払ってくれようとする。連れは気味悪がって「早くどこかでまかなくちゃ……」と焦る。私は出発前に孫から、「親切に英語で話しかけてくるのは絨毯屋」と聞

いていたので、度胸を決めて案内して貰う事にした。

自然に英語と日本語のグループに分かれて、ぞれぞれにお兄さんたちがついて世話をやいてくれる。やがて私たちの彼は、表通りの立派な構えの店に我々を案内して、

「ここが私たちの店です」と言う。

「日本人女性も二名働いています」

と言うので興味をそそられて立ち寄ってみた。もう五年もここで働いているという四十歳ぐらいのセツ子さんは、

「気に入らねば買わないでよいのですから」

と言ってくれる。もう一人は若くて美人の和代さん。まだ学生さんではないかと思われたが、店の表へ椅子を出してチョコンと腰掛けていた。二日前に雇われたばかりだと言う。


私たちは海岸のドルマバチョフ宮殿を目指した。ボスポラス海峡に面した壮麗な大理石造りで、オスマン後期のサルタンから、初代アタチュルク大統領までが使用したもので、入館料は十五万リラ（日本円で三百円）。親切な友だちもさすがにこれは払ってくれなかったけれど、自分たち（二人）の分は払ったらしく中までまた私たちについて来た。建築はヨーロッパ風で、大広間にはフランスから贈られたという見事なシャンデリアが優に六帖間くらいの大きさで飾られている。燭台、大鏡、マントルピース、椅子、テーブル、絨毯はもとより、階段の手摺りに至るまで、華麗に贅を尽くしたものだった。

私たちは友だちのお陰で、楽しく効率よく観光を終えることができた。帰途、

「是非々々、お茶でも一杯」と言うので、私たちは再び彼の店に立ち寄るハメになる。「チャイ」というトルコ茶が出た後、「ケパプ」というトルコ料理を注文してくれ、食べ終わった頃、やおら店の主人が現れた。五十年配の精悍そうな鋭いまなざし。日本語もとてもうまい。

「あなたはどこで英語を習いましたか?」と私に聞く。日本のオバンが英語をしゃべるのは珍しかったらしい。

「NHKのラジオ番組を聞いて勉強しています」と答えたけれど、これは通じた様子ではない。

「自分の店には、ドイツ語、フランス語、アラビア語、ロシア語、勿論、英語、日本語の話せる人を雇っている」

そしていきなり、

「いくらの品物を買ってくれますか?」と来た。

「私たちは帰途で、お金はもう持っていない」と言っても、

「カードでよい」と言うし、恐ろしいばかりに強引だけど、ネゴシエーションを重ねた末、二万円で変な品物を押しつけられ、やっと店を出ることができた。

今回の旅行で、特に感銘を受けたのは何と言っても、
一、カッパドキアの奇観
二、モスクや宮殿の豪華絢爛
三、トルコ商人の絨毯商法
であった。

（『習志野ペン』39号掲載、平成九年十二月十五日刊行）

インド旅行

旅の病嵩じて、十二月にトルコに行ったばかりなのに、一月にはインドへ行くことになった。インドといえば暑さ、汚さ、貧困・疫病・宗教・ガンジスの沐浴などなど、他人様から頂くイメージや予備知識の類の中で、最もショッキングであったのは、アメリカ人の英語教師ダンが話してくれた体験談であった。

ダンと彼の奥さんのケーシは四年前、インドを旅行した。タジマハールはビューティフルで、ベリーナイスであつた。ところが飛行機から降りてみると、目的地までのバスが出ないことが分かった（何という町なのか私たちの英語力と調査不十分でよく分からなかったのが残念）。

日はすでに暮れようとしているのに二人は重い荷物を持って、十五キロもある目的地へ向かって歩き出さなければならなかった。車が通るたびに乗せて行ってくれるよう手を上げて合図するが、誰も止まってはくれない。トボトボと足どりも重く歩いているとき、一台の車がスーッと横付けになり、五十歳くらいの精悍なインド人が手招きして乗せてくれた。彼はこのあたりの豪族の首領で、まずは彼の家に招待されることになった。田舎の道を走ること数十分。森の中の広い彼の家は、武装した兵隊が何人も守っている。門は、日本でいう電車の踏切棒のようなものの片方を紐で吊るして門番が上げ下ろしする。門番は裸で槍を持っていたと彼は言う。主人の車の通過に対して棒の上げ方が遅かったという理由で殺された門番もいたということだった。

家に入ると召使いが床にひざまづいて夫妻の足許にキッスした。酒やご馳走のあと首領が「象に乗せてあげる」というので、まずダンが裏山の雑木林のような所で象に乗せて貰って部屋に帰って来ると、妻のケーシが泣いている。「どうしたのか?」と聞くと、

「首領が私を手籠めにしようとした」と言う。

ダンはびっくり、やっと筋書が読めたようだ。何のことはない。インド人の豪族の首領は、白人の女性であるダンの妻に触手をのばしたのだ。それで? How did you do?

私たちは息をのんで彼の言葉を待った。ダンは真面目な性格で嘘を言っているとは思えない。彼は首領に抗議した。首領はただサイレント。ダンの奥さんケーシはそのとき、首領の顔を平手で叩いたそうだ。何はともあれ命に別条なく無事にその館を出ることができて「ラッキーだった」と彼は言った。

一週間後にインド旅行を予定していた紀子さんと私は、すっかり興奮してしまった。

そして行って見て来た。ダンの話は本当だと思った。槍こそ持っていなかったが、裸同然の男が踏切棒を上げ下ろししていた。男・男・男・女。町も村も人間で溢れている。何の仕事をしているのか分からない人たちが群らがっている。老人の男たちの足は枯木そっくりで、汚い毛布をまと

い杖をついて乞食をしている。子どもたちは異状に小さくやせこけて見える。夕暮れともなれば、色が黒く目ばかりギョロッとした男たちの間を時たま鮮やかなサリーが現れては消える。何となくあやしい雰囲気が漂い、無気味な感じである。

最初デリーの町に着いた夜は、五階建ての大規模なホテルだったが、その汚いことといったら旅馴れていると言われている紀子さんでさえ驚くほどで、風呂は琺瑯《ほうろう》がはげて黄色く、水はチョロチョロ。部屋は広いがベッドは汚なく、毛布は破れている。何よりも変なのは、私たちの泊まっている五階の廊下を数人の銃を持った兵隊が往来して、一晩中動かないのだ。ツアー客も困った様子で皆、部屋の中にいるらしい。翌朝、ガイドに聞くと「大切な日本からのお客様のセキュリティーを考えて民兵を傭いました」と言ったのにまたまたびっくり。治安が悪いのか。民兵が安いのか。恐らく両方だったのだろう。

このツアーは「デリー・アグラ五日間」で十六万円というもので総勢二十五名。ガイドはインド人のジテンドラ、四十歳。インドの東大といわれるインド大学哲学科の卒業で、流暢な日本語で五日間の案内をしてくれた。彼の言葉の端々によると「イギリスがインドを植民地としていかに悪政を施いたか、日本はイギリスと戦って破れたけれども、セバス・チャンドラボース氏の時代から我々は親日的で、一九四八年のインドの独立を日本は助けてくれた」となかなか好意的であった。バスの中からは、明らかに英国統治時代のものと思われる瀟洒な建物が健在だったり、半分汚れ朽ちかけて残存しているのが見えた。

デリーからタジマハールのあるアグラまでの一本道はひどい交通量で、人も牛も山羊も、自動車も自転車も、馬車もトラックも皆、この道を往来する。自動車は何台も事故を起こして道端に転んでいる。ある箇所では道幅を広げる工事が行われていたが、すべて人力でブルドーザーの姿は見えない。しかし彼は「何年かでこの道も日本のようなハイウェーになる」と希望を持って答える。

沿道にうず高く積み上げられて藁で囲われたものこそ、稲藁の束ではなく、これぞ乾燥牛糞である。拾ったものを水でこねて同じ形のパンケーキ型にして、天日干しする。

牛を所有する者は、自家製燃料を保存してほとんどの煮炊きもこれで賄うが、そうでない者はこれを購入しなければならない。サリー姿の少女たちが頭にのせて運んでいく。九億の人々にはまだ電気も石油も行きわたらない。デリー市内にあるジテンドラさんのアパートでも、エアコンは付いていないという。

観光地にバスが着くたびに、物売りの子ども、男、ときには女たちが押し寄せてくる。バスに乗り込んでくる威勢のいい者もいるが、ジテンドラさんは、ただ黙っている。「余計なことを言って、商売の邪魔をすると殺されます」と言った。これも本当だろうと思った。

（『習志野ペン』37号掲載、平成九年六月十五日刊行）

シニアーズ・アブロード（一）

二年前からエベリン・ジベッツが組織している「シニアーズ・アブロード」に入会し、私は主としてアメリカを往き来している。日本・アメリカ・オーストラリアなどの熟年層を対象とした交換ホームステイシステムで、サンディゴに本部がある。ジベッツ女史のご主人が外交官として日本滞在中に彼女が創始したもので、すでに十五年の歴史があり、毎年二十名前後の日本人がアメリカへ、アメリカからも約同数の人が日本を訪れる。彼女は夫君に勝るとも劣らない日米親善大使なのである。

「ホームステイ」という言葉は単に若者たちだけのものではなく、我々シニアーズも是非体験を！　という呼びかけで始まったもので、原則として五十歳以止の人が対象となり日本人がゲストとしてアメリカへ行くのは毎年五月初旬でホストとして相手を迎え入れるのは十月と定めてある。ゲストは渡航費・交通費などを負担し、一家庭六日間の逗留で三家庭を回ることができる。ホストは食事とベッドを六日間だけ提供する。単なるツアー旅行と異って、その国の生活・文化に直接触れることができ、ホストの案内で、近場でローカル色豊かな珍しい所に連れて行って貰い、またとないよい経験をすることができる。ゲストもホストもそれぞれに人生経験豊かなシニアーズでお互いの知識や教養を分かち合い、実りある楽しいひとときを過ごせるのである。

一九九五年十月、私はまずゲストを受け入れた。長年勤務した大学のカウンセラーの職を五年前に退職された七十歳の温和なアメリカ婦人で、旅行大好き。すでに三十七か国は回ったそうだ。うちに来たときもリュックサックと小さいパゲージ一つで、至って身軽ないでたち。以後、感心した私は彼女のやり方を見倣っている。毎朝、前の公園を早足でウォーキングし、アメリカに帰れば水泳もかかさないそうで、健康に留意しての生活がうかがわれた。

彼女を「佐原の大祭」と、私の英語のクラスと、歌舞伎に案内したが、日本の有様は何でも珍しがって「ワンダフル」を連発し、とても喜んでくれたのが嬉しかった。私の英語はシドロモドロなので、友だちの助けを借りてどうにか六日間のお勤めを果たし、次のステイ先の長野市へと旅立たせたときはさすがにホッとした。フロリダに住むコーリン・ストーリという人で、クリスマスとバースデイには必ずカードを送ってくれる。いつの日か彼女のお家も訪ねてみたいものだと思っている。

翌年五月、いよいよ私が訪問する番になった。ホストとゲストの組み合わせは、すべてエベリンが適当にやるので、どんな所へ行くのか皆目分からないがチケットが事前に送られて来たので、五月十日、成田を出発してロスアンゼルスに着いた。ロスの空港は広かった。何百、何千かと思われる人、人、人でごった返し、入国審査を待つ人の列は幾重にも幾重にもぐるぐる巻きで、後尾は分かっても一体この列の頭がどこへ行くことになるのかサッパリ分からない。

待つことも三十分を越しただろうか？　どうにか順番が見えて来て私の前の前の人あたりになった。オッカナそうな女性審査員の声が「ネッ」とだけ聞こえる。二、三回「ネッ」と聞いているうちにやっと分かった。何だ「ネックスト」と次の人と呼んでいるのだった。

「どこに泊まるのか？」「いつ帰るのか？」など聞かれて「ネッ」で終わった。荷物も無事に積み、カートを押して外に出ると多勢の出迎えの人の中に、シニアーズのバッジをつけたマリリンの姿を見つけた。大柄で親切そうな感じにまず安心する。初対面の挨拶を交わし、彼女の車でハリウッドなどロス市内を案内して貰って、その夜は市内の彼女の友だちの家に一緒に泊めて貰った。

彼女は私を迎えるために前日からここに泊まって待っていてくれたのだった。マリリンの家はカリフォルニアの南端で、ロサンゼルスまで車で五時間以上もかかるのだ。

翌日はマリリンの娘ドロシーの家へ立ち寄ることになった。「今日はマザーズデイ」とマリリンは何度も口にする。「日本では『母の日』にはどんなことをするのか？」と関心を持って聞いてくる。ドロシーの家はロスの郊外にあり、夫のベンとの間には一男一女をもうけ、ピーター十三歳、キャシィは八歳である。マリリンは孫たちには目がないらしく、とても可愛がっている。ビックリしたのはピーターの頭髪で、モヒカン刈りというのだろうか、全部剃り上げて頭のテッペンだけがトサカのように逆立っている。イカレたロック歌手のようなのだ。でもどこかまだあどけなさの残る顔立ちで、おばあさんのマリリンからお小遣いを貰い、コンピューターで書いた「母の日お目出度う！」のカードを渡している。キャシィも「二人のお母さん（二人目は私をさす）お目出度う！」と花の絵を描いたカードを渡してくれた。

夫のベンの両親も遠くの町からはるばる息子の家にやって来ていて、全員ランチをご馳走になる。若夫婦の家は狭く、クーラーもよく利いてないので暑苦しく感じた。食事も済み、さあいよいよ出発だ。彼女の住むサンシティの町へと！

日本でいえば七十歳のおばあさんが五時間もハイウェイを運転して行くなんてあまり聞かない話だが、むこうでは普通のことらしい。二人の孫の話も十分聞かされながら、乾いた岩や砂。ところどころにサボテン科の植物が緑というより茶褐色に群生するだけの単調な景色の中の一本道を、私たちの車はどこまでも走って行く。

ロッキー山脈の南東、広大な砂漠の中に、地中に水管を通して造られた人工の都市「パームスプリングス」がある。メイン通りはパームツリーの並木がまぶしく陽光に輝いて、コンピューターに組み込まれた時間どおりにスプリンクラーが作動して緑の芝生に降り注ぐ。冬には全米からゴルファーたちが集まってくるという本当に美しい町であった。その町に隣接する「パームデザート」には、シニアのために造られた「サンシティ」がある。

五十歳以上の市民だけが住める町で、約三千戸余りの一戸建住宅が整然と並び、長いフェンスに囲まれて外界と遮断されている。町の中央にはセントラルオフィスがあって、各種のお店はもとより銀行、郵便局、警察署など一応何でも揃っていて生活に活に不便はない。屋外にも屋内にもプールがあり、テニスコート、コンサートホール、ゴルフコースは池の傍に広々と造成されている。マリリンはその中の一軒を購入し一人で住んでいる。町の中への入り口は一か所だけで安全のためのチェックがなされている。マリリンの車が彼女の家の前五メートルぐらいの所に差しかかると、センサーが作動して車庫のシャッターがひとりでにスルスルと上がっていく。

「開け、胡麻!」といった感じで車庫の広さは二台分が十分に入れる。家の外に向けて「ウエルカム」と書いた旗がはためいている。私を歓迎しているのだということで感激したが、お客は喜ばれる筈である。砂漠の中の檻のように囲まれた場所に同年代の年寄りばかりでは、毎日の生活は単調で活気が乏しくなってしまうのではないか。子どもの声は全くなく、安全で、清潔で静か過ぎる街であった。

アメリカの家が世界一というけれども、本当に家の中は素晴らしい。広い部屋にはフカフカの絨毯が敷きつめられ、金ピカの縁飾りのついた豪華なWベッドがホストのもので、ゲスト用は小さめで飾りも少ない。そんなところが日本と違うが、それぞれにバス、トイレ、洗面所もついていて気持ちがよい。至る所に大きなミラーがあり、家族の昔の写真など飾られていて、ピアノはテープによる自動演奏なので驚いた。キッチンも広々と明るく、レンジ台は大理石めいた石板が重々しい感じに張りつめられステンレスではない。調理はすべて電気なので汚れないのがよい。オーブンと冷蔵庫は、一人暮らしとは思えないバカデッカイものであった。

マリリンは会う人毎に「ジャパニーズレディ・ナオコ」と私を紹介する。相手は「日本のどこから来たのか?」と尋ねるので「東京の近くの千葉」と答えると、「自分も何年か前に(大抵は二、三十年前に)東京に行った」と懐かしそうに話しかけて来る。アメリカ人は新しいもの好きでフレンドリーである。

マリリンは水泳・買い物・パーティ・ゴルフ教室と毎日私を連れ回した。「ゴルフはやったことがない」と言うと、「それではプラクティス」と言って、クラブ二本とたくさんのボール。それに塵取りのようなものを出して来た。それを部屋の隅に置き、一方の端からちりとりの中へボールを入れるパットの練習をさせてくれた。うまく入ると自動的にちりとりが閉じてボールをキャッチする仕組みになっている。

さあ、翌日は本番である。プロポーション豊かなレディたちが金髪をなびかせながら三々五々集まってくる。紫のユニホームに白のショートパンツで、中にはゴルフ場専用のモーターカーで乗りつけてくる人もいる。三、四十名は集まっただろうか? チームに分かれて二十番ホールまで午前中に回り、成績発表となる。前日のプラクティスのお陰で私も相当の成績をあげることができて、皆の拍手を貰った。相手はユニホームこそステキだが何しろ五十歳以上のおばあ様方で、腕前のほどは大したことではない。

「あなたは才能があるからゴルフをやりなさい」と、おだて方のうまいのもアメリカ人気質といおうか。外に出てプレイをするのは誰にとっても楽しいものである。

マリリンのお姉さんは、パームスプリングスの養老院に入っている。トイレ・キッチンつきの一DKで彼女は車椅子の生活である。マリリンは週に一度は車に乗せて買い物などに連れて行き、月に一度は病院に連れて行って検診を受ける世話をしている。感心なことである。病院の待ち時間は日本以上に長く、診療時間もまた長かった。

アメリカで車椅子生活の人が巷のあちこちに見受けられるのは、車社会で足が早く弱るのか、社会的に設備が整っていて、車椅子でも容易に外に出られるのか、恐らくその両方であろう。

マリリンは親切でしかもシッカリ者。孫を可愛がり、不遇な姉の世話をよくするが、金銭的な援助はしていないようだった。自分だけ一人で立派な家に住み気ままに生活をエンジョイしているが反面さびしがり屋で、夜になると電話をかけたり、毎日のように簡単な手紙を書いている。毎朝郵便受けを調べて、手紙が入っていないと失望する。

十月にマリリンが日本にやって来た。私の前にマリリンの家に泊まった横浜の人と私とでお世話をした。マリリンが「敬老の日」を不思議がるので、地区の敬老会に連れて行った。その席で彼女にもチョットした挨拶をして貰った。むこうの人はスピーチには馴れていて、人前でしゃべることは臆さない。日本舞踊などの演芸種目を楽しんでいた。特に同年配の人の踊りには目を凝らしていて「拍手が足りない」と不満がっていた。

京都に連れて行ったときは、鉄道に馴れないので駅のホームからホームまで歩くのがやっとで、ずい分疲れたらしかった。特に階段が多いのに苦労していた。一番の不満は京都駅のトイレが全部和式で、しゃがむことに馴れないアメリカ婦人、特に体の大きいお年寄りには大層苦痛であったらしい。外人に言われて初めて気がついた私はその後、洋式トイレがあるかないか？　に気を使うようになった。と、どうだろう。わが家の洋式はお湯まで出て快適であるのに（これにはさすがのマリリンも驚いていた。アメリカにはこの手のものはないらしい）、ＪＲの駅はすべて和式だったのだ。それ以後、私も関係の人に逢ったりするときにはその旨提言して来たが、昨年新装なった京都駅に行くとトイレは和式も洋式も両方造ってあったので安堵した。

京都では私の孫たちをとても可愛がってくれた。そしてまた、あの子どものいない街へと帰って行った。

（『習志野ペン』41号掲載、平成十年六月十五日刊行）

シニアーズ・アブロード（二）

カリフォルニア南部の小都市「パームスプリングス」のマリリンの家に五日間泊めて貰った私は、次の目的地であるニューメキシコ州の「ラスクルーシス」へ向けて飛び立つ日がやって来た。

マリリンはエアポートまで送ってくれて、何やかやと世話を焼いてくれる。飛行場といっても建物は普通のオフィスとさして変わりなく係員が二、三名いるだけで、荷物を預り、チケットを売ってくれた人が、外に出て着陸した飛行機の誘導もする。「サウスウエスト」エアラインで、ベージュにオレンジ色のツートンカラーが明るくていかにも南部を感じさせるローカル便、小さなプロペラ機である。

マリリンから最後のキスを受けて機上の人となる。ここからが本当の一人旅。アリゾナ州の「フェニックス」で乗り換えて、テキサス州の「エルパソ」までつつがなく到着することができるかどうか？　少しばかり心細いがもう致し方ない。それに広大なこの国ではやたらと地域による時間差があり、夏時間なども加わってよく分からないことが多い。私の航空チケットに記されている限りでは「フエニックス」での乗り換え時間が五分間だけのようになっている。実際には一時間の時間差が組み込まれていて六十五分間の待ち時間だったのだが、馴れないとハラハラすることばかりである。

どうにか無事「エルパソ」行きサウスウエスト機に乗り込むことができた私に、またハプニングといおうか、ちょっとした出来事が起こってしまった。機は右側三席左側二席の小さいもので、私の指定席は右側三席続きの一番左端の通路側だった。しかるにもう他の人が座っていた。黒人のオバサンたちが二人（二人とも物凄くデッカイのだ）真ん中の席には自分たちの荷物を置き、両端に座ってしきりにしゃべっている。飛行機のシートは彼女たちの巨大なヒップには、いささか小さすぎる感じで、気の毒に思いつつも自分のチケットを示して通路側の人に移動して貰うよう申し入れた。しかし彼女らはなかなか動こうとしない。その揚げ句、私に「真ん中の席に座ってくれ」と言った。冗談じゃない。小錦と曙に挟まれてはたまったものではないではないか。

「ノー、私はその席は好きではない」と言い張っているところへスチュワーデスが来て小錦と曙を並ばせてくれた。彼女たちは手提げ袋の中からお菓子を出して交換しながら、ずーと食べている。それでこんなに大きいのか？　大きいから食欲も旺盛なのか？　とにかくすばらしい体格で、絵本で見るように白髪頭をヒッツメに結って眼鏡をかけ、長いスカートをはいていた田舎のオバアさんたちであった。

無事「エルパソ」に到着した私を、セカンドファミリーのセイリー・ナオミが迎えに来てくれていた。

「ハロー、ナオコ。ナイスツーミートユー」

「サンキュー。セイリー。ナイスツーミートユーツー」

初対面の挨拶がすむと、「あなたは私と同年だけど、ずっと若く見える。驚いた」とセイリーが言ってくれる。そういえば白人の皮膚は私たちのより柔いせいか、若いときは白桃のように美しいが年を経ると、我々より早く皺が深くなり、いかにもお婆さんらしくなってしまうようだ。セイリーは背丈も私とあまり変わらず、小柄で優しさの溢れた人だったので嬉しかった。

「近くにジャパニーズガーデンがあるので見せる」と言って空港に隣接する軍隊の敷地内を、うろ覚えの彼女の記憶を頼りに連れて行かれ、やっと見つけた所は何と、松や竹、梅や槇などの樹木が形よく植え込んである築山に見事な庭石を配置し、お稲荷さんの赤い鳥居までが揃っている紛う方なき日本庭園であった。

「誰が？　何のために？　こんな所に造ったのか？

首をかしげたくなる。セイリーの説明では、

「日本の自衛隊が造った」と言うのでまたビックリ。

彼女の話だと、少なくとも五百人くらいの若い自衛隊員が今も住んでいるということだ。「エルパソ」はテキサス州の南東のコーナーに位置し、北はニューメキシコ州、南はすぐに隣国のメキシコ合衆国と境を接していて交通の要所でもある。

日本の自衛隊が自分たちの日本庭園を造り上げるような長い間、現在もなお駐屯しているとは普通の人にはまず考えられないことだろう、それ以上の詮索はさておいて。

セイリーの家は「エルパソ」から西北へ車で約三時間の「ラスクルーシス」という町で、人口約三十万。ニューメキシコ州第二の都市ということだ。四方を山で囲まれた盆地のような所であった。しかし山は日本のように緑ではない。西部劇に出て来るような岩山または砂山で、乾ききった地表には茶褐色の潅木が自生し、サボテン科の植物がニョキニョキと起立しているだけで、どこまで行っても同じ景色が続く。途中に白亜の立派な建物が見えたが、それはプリズン（刑務所）だった。アメリカの広大さを思い知らされ、雄大な自然はネイティヴアメリカンであるインデアンの生活を思い起こさせるに十分である。

日も西に傾いた頃､やっと彼女の家に到着した。それは「ピカッチョ山」と呼ばれる標高四百メートルぐらいの三角形の山の中腹にあって「ラスクルーシス」の市街を一目で見渡せる格好の場所であった。夜景は特にすばらしく、街の灯りがキラキラと帯状に輝いて目映いばかりである。隣家との距離は五十メートルぐらい離れていて一軒、また一軒と、十分なスペースがあり、朝は小鳥のさえずりで目覚め、昼は野兎とリスがキョトキョトと臆病そうなしぐさでご挨拶に現われる。日中の暑い盛りに出て来るのはトカゲに蛇。彼女はトカゲも結構可愛がっている。ある朝、窓の下を狐が長いシッポを垂らして音もなく通り過ぎるのを見た。野生の狐を見ることができたのは初めてだったので感激した。夜にはコヨーテ（彼女はカヨーテと発音する）が遠吠えをする。

家の造りは頑丈で、天井には大きな梁が昔風に渡されていて広さと美しさでは申し分ない。とりわけ跳望のよい南側の部屋でキャンドルを灯してのディナーは、何とも風情があって最高の気分であったが、日中は暑くてこの部屋には座って居られない。エアコンはセントラルヒーティングで二十四時間作動しているが、五月初旬というのに室内でもこの暑さである。昼間は北側の部屋で生活し、夕方になると南の部屋へと移動する。

　セイリーはこの広い家にたった一人で、三匹の犬と共に住んでいる。インテリジェントで蔵書も多く、何よりも礼儀正しいキチンとした性格の人で、亡くなった夫は軍人であったらしい。時々下の街から娘のトレシイが訪ねてくる。娘といっても四十歳をとうに過ぎたミスで、画家といっているが、アーチストでは満足に食べられないので、他にもパートタイムジョブをやっている。トレシイはトレーラーハウスに住んでいた。自動車で家ごと運搬できる簡易ハウスである。母子の関係は良好で親密に行き来はあるが、経済援助はしていない様子。街の中にデンと建てられている大きな給水タンクに大きく描かれた絵は、トレシイが描いたもの。また捨て犬などの捕獲、繋留《けいりゅう》などの仕事をする公共のオフィスの看板に大きく描かれた三匹の犬の絵は、まさしくセイリーの家のワンちゃんたちで、プードルとコッカースパニエルとポメラニアンである。これもトレシイの画でなかなかの腕前である。彼女は母親よりは父親似らしくガッシリした体格で、顔立ちもどちらかといえば勇ましい。おまけに左のホッペには入れ墨がある。現代の若者にはこれがトレンディなのだそうだ。しかし見かけとは裏腹に心の優しい人で日本のことに興味をもってあれこれと聞いてくる。

　彼女のトレーラーハウスに案内されて見せてくれたものがまたビックリ。日本の軍隊が使用していた三八式銃だった。木製の部分に「秋田県○○師団」の墨字がくっきりと見えた。友だちがロッタリ(籤引き)で落としたのだそうだ。私も初めて触らせて貰ったけれど何とも旧式で重く「棒げ銃」をさせられた兵隊の苦労が偲ばれ、またこれでは勝ち目はない筈だと、何ともやりきれない気持ちだった。

　セイリーは、毎日々々車を運転して外へ連れて行ってくれる。しかしさして広くない町の中は、そんなに見るべき所もない。市の中央にはユニバーシティがどっかりと位置し、トレシイもここを卒業して仕事もこの辺りから貰ってくるらしい。母親のセイリーも週一回はコンサートの練習にここに通っている。市民に開かれた大学である。

　トレシイの犬の看板のある大通りも何回も往復したし、途中セイリーが「ここは以前、私が住んでいた所よ」とたびたび言うので、「いったい何回引っ越したの?」と聞くと、「八回」と答えた。

「今の家は気に入っているので、もう引っ越しはしない」と言っているが、アメリカ人は男女に拘わらず新しいもの好きで、決断・実行は速やかである。

　ここニューメキシコ州は以前、メキシコ領土であった時期もあってメキシカン住民が多く、公用語としてスペイン語も認められている。「ラスクルーシス」に日本人はほとんど稀で、ただ一軒だけジャパニーズレストラン「辰」があるというので行って見ることにした。

街の中心地からさほど離れていない大通りの四つ角に広い敷地を取って、広告塔も高々と揚げたジャパニーズレストラン「辰」は立派に営業していた。店内に入ると日本の打ち掛け、扇子、オーナーの顔写真入りのライセンス証書などが飾ってある。そのときは辰夫さんの弟さんが店にいたが、奥からお母さんなる人を呼んで来てくれた。この人が雅代さんで六十歳ぐらい。今年一月に最終的に日本の家を畳んでこちらに移住して来たばかりということであった。

永住の決心をされるにはそれなりの覚悟があったろうけれども、銀座のデパート巡りを日課のようにして暮らして来た人が、急に英語とスペイン語だけの世界に放り込まれてストレスが溜りに溜っていたという感じで、私は格好の吐け口となったらしく、鉄砲玉のようにポンポンと彼女の口から日本語が飛び出す。

それによると彼女の長男である店のオーナーは、アメリカ留学中に同級生の白人女性と恋愛し結婚した。夫帰は街を取り囲むオルガンマウンテンの麓の自宅から一時間以上かけて店まで通って来る。家の敷地は一万坪もあり、鹿や野牛が出てくるという。お嫁さんの両親と一緒に住んでいるのだが、この人たちは何かの特許権を持っていて、別に暮らしには困らないので働いたことのない人たちで終日椅子に座って本を読んだり編み物をしたりして優雅な生活を送っているということだった。

ちなみに隣の家の敷地は三万坪で、境界線などよく分からないらしい。「裕福」を絵に描いたようなファミリーで雅代さんも街中《まちなか》に一万坪とはいかないが、二百坪ぐらいの家を持っていて、セキュリティシステムを揃えたニューハウスに一人で住んでいる。彼女なら日本人の客は大歓迎してくれると思う。彼女もまた高級車を運転して大学に語学の勉強に通っているのだ。

「ホワイトサンズ」という、地質学的に珍しい真っ白な砂ばかりの山が近くにある。見渡す限り銀世界で雪が降ったかと錯覚する。眩しくて目を開けていられないくらいである。砂は何メートルも深く堆積し足を踏み入れると中はヒンヤリと心地よい。三百マイルにわたるアメリカ最大の砂丘で、ナショナルモニュメントとして各地から観光客が訪れている。成り立ちはどうやら太古の昔、この地が海であったときから始まるらしい。石英質がどうの珪石がどうのと書いてあったり、風によって美しく変化する白い砂の風紋の写真や、砂丘に生存する動植物・インディアンの暮らしなどまとめたガイドブックも買って来たが英語なのでなかなか読めないでいる。とにかくすばらしい所であった。「百聞は一見に如かず」まさにそのとおり。

セイリーは私のために六日間で四回もガソリンを入れた。人々の真心に触れたよい旅であった。

（『習志野ペン』42号掲載、平成十年九月十五日刊行）

エジプト旅行

平成六年、ツアーに参加してエジプトを回った。「行こう！」と決めてから、幕張にある「テクノピラミッド」で早稲田大学教授、吉村作治氏の「エジプトに関する講演」があるというので聞きに行った。そこで私が知ったことは、ピラミッドや王家の墓の発掘作業は今も延々と続いていること。イタリアが最初に発見し、続いてイギリス、フランス、アメリカなどの考古学隊が競って発掘作業に従事していて、日本隊も早稲田大学、京都大学などかなりの人が常駐して一応の成果をあげているということだった。

例えば遺跡を探知するのに従来のやり方とは異なって、遺跡に穴を開けないで透視によって調査する日本隊のハイテク技術が注目されて、「クフ王のピラミッド」では新たな通路を発見したりしたということ。今年も日本早稲田隊はあるビッグニュースを発表できる予定である。しかし何と言っても「発掘には大金が必要だ」という話だった。その会の冒頭には、エジプト大使の挨拶があった。大柄な女性大使の英語によるスピーチで、「エジプトに女性大使あり」ということに、まず驚かされた。

一月五日。カイロ到着（エジプト航空）

カイロの空港は簡素で、トイレは汚く、私たちはまだマネーチェンジもしていないのに番人にチップを要求されて困った。バスでホテルに着くや否や「ワァー、スゴイ」。バスの窓からも、ホテルの部屋からも、まるで富士山のようにすぐ近くにピラミッドが見えるではないか。感激である。エジプト旅行の最大のポイントが、着いた途端に現われるなんて……ホテルで小休止の後、バスで西へ十三キロ。約二十分でピラミッドの町「ギザ」へ着いた。

それは砂漠の中の高台に建っていた、厳然と。幾世紀も変わらない雄姿を、壮大なスケールで。周囲二百三十メートル。高さ百三十七メートル。平均二・五トンの大石が二百三十万個、二百三段に積み上げられている見事な角錐形。三つあるピラミッドのうち、いちばん大きいのが「クフ王」のもの。約五千年前の庶民の労働の様子がしのばれる。

一人の王のために、九十九パーセントの人間が奴隷の生活を強いられたのではなかったのだろうか？　否、そんなことはない。彼等は嬉々として働き、死後の蘇生を信じて疑わず、進んで苛酷な労働に参加したのだというのである。「クフ王のピラミッド」の下から約三分の一くらいの所に盗掘された穴が開いていて、見学者はそこから中に入ることができる。内部は狭い通路でかなり登り坂になっていた。ところどころ裸電球が足許を照らしてくれる洞窟の中を、竹竿のような手すりにつかまって登っていくと大回廊に達し、次は王の居間である玄室へと続く。しかし中はガランドウで何もない。すべて盗まれてしまったのだという。説明を聞いてから再び外に出ると、そこはピラミッドの丘。

名にし負うアラビア商人があちらこちらに屯して、

観光客相手の商売に余念がない、まずは駱駝引き（赤、青、白色とりどりの毛織の布や鈴で飾られた駱駝に客を乗せるべく、あの手この手で誘ってくる。写真を写すだけでも金は取られる。駱駝は前足を折って座っているので乗るときはよいが、立ち上がったら、その高さにビックリする。

そこらを一回りして来て、今度は降りるときが大変である。駱駝が急に前足を、一つ折りにして座るので、乗り手はしっかりと鞍につかまっていても、ガクンと前のめりになり上体が前にツンのめって、転げ落ちそうな感じになる。あのときの恐怖感は、今もなお忘れられない。

次にやって来たのは、布で作った駱駝の縫いぐるみ売り。中にはオガ屑がつめられていて、一年もすればボロボロになる代物だが、最初は「十個千円」で始まり、買わなければ「二十個千円」になり、バスに乗りかけると「三十個千円」になる。

私がまんまとしてやられたのは、贋パピルスの紙にエジプトの女王だとか王子だとか「ヒエログリフ」という神聖文字だとか、いろいろなものを描いた藁半紙のようなものを例によって、最初は「十枚千円」だったのが歩き始めると「三十枚千円」になったので、つい欲気を出して「買う」と言ってしまった。が、はて困ったことに生憎と細かいのがなくて、五千円札しか持ち合わせていない。

「お釣りはあるか？」と聞くと「ある」と言う。しかし朝から四千円も持っている筈がないと思っていると案の定、彼は直ちに何人かの売り子に声をかけて四千円整えて来た。

私の周りを屈強な男たちが取り巻いた。この国では外で仕事をするのは皆、男性。女性はベールで顔を隠して家の中にいる。物売《つわもの》りたちは、レッキとした三十から四十代の男盛りの強者共で、彼等は背高く、色浅黒く、目は大きくて眉迫り、見るからに精悍というか、白いターバンを風になびかせて駱駝に乗って行く有様は、いかにも勇壮で「アラジンと四十人の盗賊」を連想させる。

一筋縄ではいかぬアラブ商人たちに取り囲まれた私は、お釣り銭の方にばかり気を取られ、ちゃんと四千円返してくれたのを確認してから五千円を渡し、彼等の中の一人が「ワン、ツー、スリー、フォー」と三十枚数え上げたのを受けとるや否やバスに走った。

バスが発車してからよく数えると十六枚しかない。何てことだ。そういえば彼等は常に私の目を見ていた。私の目玉がほんの一瞬紙からそれたその途端、贋パピルスの束をさっと裏返して、同じものを反対側から十六、十七と三十まで数えて渡したのだ。早速やられてしまったのだが、口惜しさよりも彼等のトリックの見事さに感嘆させられて恐れ入り、腹もあんまり立たなかった。

世界四大文明発祥の地、エジプトの首都カイロは人口約一千万。メイン道路には高層オフィスビルが林立し、タハリール広場は、カイロの混沌が集約されたかのように、ラッシュ、ラッシュで通勤時の車の流れ、騒音、飛び散る埃は全く凄まじい。乗用車、トラック、バス、バイクに馬車に自転車、歩く人までが道路いっぱいに動いていて少しの隙間もない。ブー、ブッブー、ブッブー。どの車も喚きに喚くその中を、優先順位最上の観光バスは神技に近いすばやい動きでくぐり抜けていく。隣の車との距離は十センチである。交通事故が起こらないのが不思議、まさに命がけの運転といえよう。

カイロ発アブシンベルへ（空路）

アブシンベルはエジプトの最南端、スーダン国境に近い所で、北回帰線近くなると人々の肌の色も黒さが増し、背丈もアラブ人よりやや低くなり、誰の目にもネイティブの人種が違って来たことが分かる。

ここの大神殿はすばらしかった。ラムセル二世が建立した岩窟寺院で、建物の中に刻まれているのは高さ二十メートルにも及ぶラムセル二世自身の土像が四体並んでいる。何とも自己顕示欲の強い方らしく、大神殿の北側には小さい形で妻子のものもあるのだが、何も自分のものばかりバカでっかく四つも並べて造らなくても……と思うのだが、富と権力を持つとその次は「自分が神様」と思い始めるのは、どこの国の人にもよくあること。このほかにもこの方の像は、エジプトのあちこちでよく見られるそうである。

幅三十八メートル、高さ三十三メートル、奥行き六十三メートル。この巨大な石造り神殿は、アスワンダムの建設の際に湖底に沈む運命にあったものを、世界の救済キャンペーンによって三千九百万ドルを費やして、六十メートル上の現在の地へ移転されたものだそうだ。世界の人々の善意で三千年前の文化財が保護されているというのは嬉しい限りである。ここはさすがに各国からの観光客が多かった。

空路アスワンへ

アスワンハイダムは一九七一年、ドイツとソ連の協力によって完成した。高さ百十一メートル、長さ三千六百メートルという大規模なもので、ナイル河の洪水を防ぎ、潅漑用水を確保することで農業生産は飛躍的に伸び、水力発電も行われている。「軍事施設があるから」という理由で、ゲートの近くから中には入れて貰えなかった。

ルクソールへ（バス）

田舎道はストレートな一本道で、自動車とバイクと馬車、たまに自転車とロバがお互いに譲り合って通行して行く。驚いたことに道路工事をさせられているのは、中学生くらいの子供で、おとなは休んでいたり、賭け事をしたりでまともに働いている様子ではない。頭に瓶を載せて水を汲み運ぶのは女の子の仕事。絨毯織りも子供の仕事である。沿道の家々は一見してステキな煉瓦づくりのように見えるけれど、その煉瓦は土に藁を混ぜて天日干ししただけのもので、耐熱加工はされていない。洪水に遭うと溶けてしまうのである。

また普通の家々は屋根がないというのも何ともユニークだ。椰子の葉や草木で覆っただけで、星が見えるのだそうだ。カイロの降雨量は年平均二ミリ、南の地方は０ミリなので別に支障はないらしい。しかし現地では「アスワンダムができた結果、雨が降るようになった」と言っている。

ルクソールはその昔「テーベ」と呼ばれ、エジプト新王国時代の遺跡の街、日本なら「京都」というべき所か。

この街に突如として起こった大惨事。九十七年十一月十七日。イスラム原理主義過激派組織のテロリスト六人が、武装して外国人観光客を無差別襲撃した。日本人十名、スイス人三十五名、エジプト人ガイドなど五十八名が死亡した。その年の九月には、カイロでもドイツ人観光客十名が死亡している。

「外国人観光客を標的としたのは、ムバラク政府に衝撃を与えるため」との犯行声明であった。現地ルクソールの「ハトシェプスト女王葬祭殿」は、切り立った岩山を背後に、古代エジプト史で確認される唯一の女王ハトシェプストが建てたもので、百を越える列柱が三層のテラスを支え正面は長いスロープで広い広い各層のテラスへと続いている。他の神殿とは一風変わった優雅な建築様式で、壁画には当時の外国との交易の様子が描かれていた。

犯行は第二テラスのスロープの辺りで行われ「血痕なまなましく惨劇の跡を物語っていた」とのニュースであった。銃撃されると、隠れる所がない広い場所である。この事件でエジプトへの観光客は激減した。世界にとっても悲しい出来事であった。

ともあれ私たちは四年前、平和なルクソールの街を馬車に揺られて観光していた。その付近には、カルナック神殿、メムノンの巨像、王家の谷など見るべき遺跡がたくさんあり、中でも「王家の谷」とは、歴代のファラオの墓が集まっている砂山で、すでに六十四個の墓は発掘されており、ツタンカーメン王の墓もここにあるが、黄金のマスクはカイロの考古学博物館に移されており、王はミイラとなって地中奥深く冷気の部屋に今も眠っている。

これは見ることはできなかったが、三層の金製の棺だという。ツタンカーメン王の他の王または貴族、王妃などの墓は、荒涼たる砂漠の中にあちこちと点在し、その多くは地表の暑さにはとても耐えられないくらいの非文明的な砂山の地中深くに、何千年も隠されていたのだ。今もなお隠されているらしい。早稲田大学のキャンプもこの辺りにあった。

見学途中やスークで出会うエジプト人の子供たちは、見るからに明るく、服装も整っていて可愛らしかった。驚かされたのは私たちを見て「ジャパニーズ。おしん，おしーん」と叫ぶのである。十数年も前に日本で作られたこの映画は東北と佐賀を舞台に、苦労を重ね辛抱に辛抱して育ったおしんが成人して東京で成功するというストーリーである。ビデオやテレビでは、日本の現在の繁栄の裏話のように開発途上国ではもてはやされているとは聞いていたが、実際に見聞きしてこれほどまでとは知らなかった。

また同じこの子供たちが、またはおとなたちまでもが観光地などでは「バックシーシー」と言って手を差し出し物乞いするのにもビックリした。「富める者は貧しい者に与えなければならない」というイスラムの教えだそうだ。

帰途の笑い話（その一）

カイロ空港で出発まで時間を持て余していたとき、空港の銀行で残った僅かのエジプトポンドをUSドルに両替えしたが、そのとき、これもまた暇そうなエジプト人バンカーたちとの会話。彼等は皆ハンサムである。アフリカ人といってもどこかスペイン人と共通するところがあって、肌の色はホワイト、髪は亜麻色か黒で、目玉が大きくて背丈があり、ほれぼれするような容姿である。当方としては少しでも英会話の実践を試したい気持ちから気軽に話しかけると、

バンカー「日本に帰ってしまうの？　またお出でね。待っているよ。あなたはステキだ。（私ではない。私の若い友だちへ言っている。傍に来て肩と肩を並べて見せて）どう？二人は似合うでしょう」

彼女「あら嬉しい。私でよかったら残ってもよいけれど」

私「でもあなた、奥さんいるんでしょ。何人いるの？」

バンカー（一）「四人。じゃない三人。四人目は今、空席よ」

バンカー（二）「僕は二人。二人ともOKよ」

　年輩の課長さんまでジョークに加わってくる。敵もさる者！

（その二）

エジプト航空カイロ発東京行は、タイのバンコクで給油。フィリッピンのマニラでまた給油で、次は東京。バンコクまでは相当量の空席があったのに、マニラでは満席となった。そこから乗って来た「フィリッピーノ」は、全員が若い女性。張ち切れるようなエネルギーをムンムンさせて、東京へ、東京へとやってくる。それとなく話には聞いていたがこの娘たちはみんな日本を目指し、日本の男性を標的の出縁ぎである。この夥しい数は脅威である。たったの一便でもこれだけの数だ。毎日毎日を、数えれば何百、何千ではあるまいかと思われた。

　フィリッピーノは実に陽気で、親切で、愛想よく、しかも若さに満ち溢れており日本でも評判がよいらしい。フィリピンの国の外貨獲得高は「出稼ぎ送金」が第一位と聞いている。

（『習志野ペン』43号掲載、平成十年十二月十五日刊行）

▲ピラミッド群とアラビア商人たち。

▼ルクソールのエジプト人ガイド、ムキバさん。

▲カルナック神殿のファラオ像（ルクソール）。

ホームステイの受け入れ

一九九六年、熟年交換ホームステイ「シニアーズアブロード」の創始者、エベリン・ジベッツ女史がうちに泊まったときに「日本では、シングルマンを受け入れて貰うのが難しい」と言った。なるほど、「熟年交換ホームステイ」といっても受け入れ側の主役は、ホステスたる主婦の仕事になることが多い。そうすると必然的に来る人も行く人もどちらかといえば女性のシングルが多くなってくる。チョット考えてみても日本人男性が一人でアメリカに行って「ホームステイしたい」と思うだろうか？　カップルで渡米される場合でも、大方は奥様の方が積極的に希望されてのことだと思うのだが……。しかしアメリカ人はそうではない。男女ともにシングルでさっさと日本にやって来るのである。渡航希望者と受け入れ側との調整は大変で、さすがのジベッツ女史も快刀乱麻というわけにはいかないらしい。そこで私がお節介にも、

「オーケー。アイ　アム　ノースペシャル」

と言ったところ立て続けにシングル男性を送って寄越した。

九七年十月。ロバート・カーリー。六十八歳。ミシガン州アナアーバー市在住。元高校教員。

ロバートは八月と九月に手紙を寄越した。それによると彼の住む「アナアーバー市」というのは、有名なミシガン大学がある所で人口約十二万。大学関係の外国人が多く住んでいて、現に自分の家の隣家は日本人のドクター（医者）で、三人の子供のうち長女だけは東京に住み東京大学の学生で、二人の男の子もまた優秀であるという。フィリッピン人の女性教授や、ロシア人、ドイツ人などの外国からの研究者、知識人が多く自分はこの町を誇りに思っていて二十五年もここに住んでいる。また、ミシガンは夏は雨多く湿気に悩まされるが、春秋の気候は最高で、美しい緑と水の豊富な所であると書いてある。

九〇年に社会科の教師を退職してからは、時々パートタイムで講師になったり、「キワナ」というボランティアグループに所属して、学生のコンサートを開いて世界の恵まれない子供たちのために資金集めをしている。元教師だけあって彼の手紙は読み易く、私の英語力に合わせてくれているようだった。英語で返事を書くのは大変で、辞書と首っぴき、モノスゴイ時間がかかるのが閉口である。

「私の英語力はまだ不十分で、うまく書けないで困っている」

と書くと、

「ノープロブラム。あなたの英語は大丈夫だ。自分は日本語が全くできないで申し訳ない」と言ってくる。これはどのアメリカ人も言うセリフである。またこの国の人たちはアッケラカンといおうか、何事もあまり隠し立てはしないのが普通で、二度目の手紙にはもう、

「ワイフとは早くに離婚し、以来ずーっと独身でいる。自分は子供が欲しかったのに妻は作ろうとしなかった」と書いてくる。また、

「市会議員に立候補したが、二百票足りなくて落選した」とも書いてある。いちばん理解に苦しんだのは、「アイ　アム　アン　アクター」というくだりであった。あしかけ十年ぐらい、アマチュアだけど「俳優」をやっていると言う。へエー。アメリカでは教員であり、俳優であることも可能なのだ。と妙なところで感心する。俳優というからにはロバートもさぞかしハンサムで二枚目か三枚目を張っているのだろうとひそかに期待していたのである。

十月十日。

半蔵門の「霞友会館《かゆう》」に彼を迎えに行く。地下鉄「永田町」からタクシーを拾ってホテルに着いた。ロビーにはそれらしい年配のアメリカ婦人たちがたむろしていて、「ロバート・カーリーを迎えに来た」と告げると、彼女たちの表情は一変し、それはそれは親切にいそいそと食堂へ案内してくれた。

「これから数日間は、全面的にあなたたち日本人さんにお世話になります」と言っている感じで、アメリカさんたちのこのような謙虚な態度は初めてでとても印象的だった。ゆっくりと食後のお茶を飲んでいたロバートをせかせて、待たせていたタクシーに乗り込み有楽町線で千葉へと向かった。

ロバートは身長一六〇センチくらいで、猫背がひどく、体重もかなりあって八〇キロはオーバーしていると思う。腹は出ているし、キチンとした服装だが眼光だけが時々異常に鋭く、一体この人は俳優として、

「どんな役についているのだろうか?」と考えてしまう。勿論、演劇は美男・美女ばかりの集まりとは限らないから、きっと何か重要な役をこなして十年間も続いているのだろう。何日か経ってから、どんな役をやっているのか聞き出すことにしよう。

朝早くに彼を連れ出したのは、「佐原の大祭」を見せるためだった。京成線で「成田」まで行き、JR成田線に乗り換えて五つ目の駅「佐原」で降りる。「佐原」は昔から「小江戸」と呼ばれ、利根川の水運盛んなりし頃の面影を未だにたっぷりととどめた古い町並みで、諏訪神社、伊能忠敬旧宅なども あり、県の重文に指定された土蔵造り、千本格子の民家がかなり残っていて情緒をそえている。夏は「あやめまつり」、秋は諏訪神社大祭で「大山車の特曳」が見られる。

駅に着くと、華やいだ幟《のぼり》があちこちにはためき、佐原囃子の笛、太鼓も流れて来て「まつり」一色になっていた。多勢の観光客に混じって矢印の方向へと進むと、広場いっぱいに屋台店が立ち並び、たこ焼き・いか焼き・焼きそばをはじめ、すし・赤飯・おでんにまんじゅう・そば・うどん。「そば」はうち方実演中。餅は蒸籠《せいろ》で蒸して臼にとり「餅つき」もやって見せている。

ロバートは大喜び。日本に来たのは三度目だというのに、今日はいきなりこのような昔の日本の伝統的な文化に触れるハメになって、しきりに、

「ワンダフル!!」を連発していた。「すし」の材料を尋ねてみたり、「そば」を食べたり、餅をつかせてもらったり、小さい女の子のハッピ姿に興味を持って写真を写したり、いろい

ろな珍しい事象にすっかりエキサイテングしている様子だった。

いよいよ山車の出番になった。

ベースボールスタジアムのように円形にしつらえられた俄か造りの観客席は全席指定で三千円。鉄パイプと板と布幕でできている。最初は感じなかったが夜半ともなると、筑波おろしがヒュー、ヒューと野面を渡ってきて、腰のあたりが冷え冷えしてくる。酒を酌み交わし弁当を食べたりしながら待つことしばし、やがて前座として「香取神道流」剣術の型式や居合術などの見せ場があって、アナウンスによる各町の紹介と共に、「鎮西八郎為朝」が大弓を持って現れた。

高さ十メートルもあろうかと思われる大山車で、二十人くらいの「下座」と呼ばれる人たちが山車に乗り込んで、大、小太鼓・笛・鼓・鉦《しょう》をならして囃子《はやし》を立てる。引き手は黒の股引きに紺木綿の腹掛けを背中に十文字に交差した揃いの衣装の若い衆たちで、大丸太棒で山車を支え、方向や速度をととのえていく。十四町区がそれぞれ一台ずつしつらえたのは「日本武尊《やまとたけるのみこと》」、「瓊瓊杵尊《ににぎのみこと》」、「源義経」、「大楠公」、「小野道風」、「浦島太郎」とそれぞれが歴史上のポピュラーな人物であるのが面白くもあり、考えようでは面白くない。一台ぐらいは「ダイアナ妃」でも乗せたら？　と思うのだが……

山車はゆっくりと場内を一巡してから、「のの字回し」、「そろばん曳き」、「波型曳き」、「亀甲形」などの芸曳きを見せて退場していく。「二千人の総踊り」などもあって、いやはや壮観であった。三百年の伝統の文化を誇る「佐原の大祭山車特曳」は確かに見応えがあった。毎年十月に行われるらしいので、十月に来る外国のお客様は「これにかぎる」と思った。

ロバートは六日間、わが家にステイする。初日はまず成功した。次の日は地域の運動会である。敬老席に案内して、「ビール飲み競争」などに出場を促したが、彼は一向に出たがらない。「足が悪いから」と言っている。近所に住むアメリカ人のウエンデルさんが来たので紹介したら、お互いに意気投合したらしく、二人でいつまでもしゃべっていて、「ボブ」「ジョーン」と呼び合っている。ウエンデルさんが「ジョーン」で、ロバートが「ボブ」である。どうしてこんなに変わるのかよく分からないが、便利であることにまちがいない。以後、私も彼を「ボブ」と呼ぶことにする。帰りには、ボブはジョーンの家に招かれてインターネットのやり方を学んだらしい。
「アメリカに帰ったらトライするつもりだ」と言っていた。

歌舞伎に連れて行った。

この日、ボブはさすがに俳優ぶりを発揮した。多くの外国人は英語のイヤホーンをつけても、日本の伝統的な義理人情の世界がイブカシク、理解し難くて、またテンポはスローであるし、役者があまり口を利かないなどで長時間の観劇は退屈してしまうことが多い。若い層は特に居眠りしている人もいるが、ボブは違った。

ストーリーを理解し、面白いところでは共に笑い、分からないところは時々私に尋ねて、舞台の見事さ、役者の所作の美しさなどにいたく感心していた様子だった。飽かずに見ていて、休憩時の食事は彼が買ってくれた。

　翌日もストーリーを思い出して私たちに「面白かった」と物語るので、私も嬉しかった。さて、

「ボブはどんな役柄を演じているのか？」と聞くが、照れたようになかなか教えてくれない。

「アイ　アム　ア　ドランカー」と言ったりして誤魔化してしまう。正確な伝達が難しいらしく、「ミュウージックマン」という長いパントマイム劇のときは、電車の中の一乗客になって、走っている電車の振動を身体の揺れによって表現するもので「難しくて何度もミスを重ねている」と言った。これくらいの説明では私もよく分からない。

「出演した劇のテープは何十本も持っている」と言うので、いつの日か見せて貰いたいものだと思う。

　六日間は、アッという間に過ぎた。

　ボブは申し分ないよいお客であった。いちばん嬉しかったのは、いつもいつも私に合わせて自分から話しかけて来てくれること。分かり易くよくしゃべってくれること。食べ物は何でも「おいしい。おいしい」とよく食べ、電車賃・入園料などよく気をつけていて自分の分は自分で支払う。

　高額の出費になるときは前もって彼に相談して「行くか？行かないか？」を決めさせるようにしている。ボブはおしゃれで、大きな二個のトランクに自分の衣類をいっぱい詰めてきて、毎日取り替え引き替え違ったシャツを着ている。おしまいにはナンセンスだと分かったのか「今度来るときは小さいトランク一個にする」と言った（お利口さん）。

「それがよいわよ。日本の鉄道システムは大変便利だけど、駅の階段は『アップ・ダウン』で大変よ」

　次のホームステイ先の「長野」まで荷物は宅急便で送り出した。東京駅まで見送って通じたばかりの「長野新幹線」に乗せた。その後、十二月に礼状と三月に近況報告の長い手紙をくれた。

　ボブは紳士で、インテリで、思いやり深いやさしい性格のように思えたのだが……。

（『習志野ペン』44号掲載、平成十一年三月十五日刊行）

▲香澄地区運動会のロバート。

ひとり旅失敗のあれこれ

「シニアーズ・アブロード」のオルガナイザーであるエベリン・ジベッツ女史も、私と同じように七十歳の坂を越してからは、

「近頃、少し呆けられたのでは……」という声が聞こえて来ないでもない。彼女にしてみれば、「これは善なり」と思うことをどんどん実行しているだけで、それによって生じた多少のギクシャクには片目を瞑ってなお前進する元気オバアサン。他の人にとってはそれが少々どころではない場合もあるのだが……今回、それはもろに私を直撃した。

一九九九年春、私のホームステイ先は、カリフォルニアの片田舎「ヴァイスエリア」という所。ミスター・ミセス・カナーデソンさんが泊めてくれることになったが、次のホームステイ先が問題である。ニューメキシコ州の「ラスクルーシス」と言って来たが、ここはすでに前に行った所。

「同じ場所だから変更してほしい」と申し入れると返事が何と「パームスプリングス」のマリリンの所と来た。これも一昨年行った所である。

エベリンはマネージャーとして「誰が何年度にどこに行ったのか」記録していなかったのか、それとも記録簿を失ったのか？　さだかではないがとにかく私は甚だ不本意である。二千五百ドルはすでに払い込み済みであるし、最初のカリフォルニアの田舎はいかにも魅力的だ。やっとどうにかやりくりしてできた十三日間なので、一ケ所だけで帰って来るのも口惜しい。再びその旨を言ってやると、さすがの女史も、

「日時が迫ってこれ以上ステイ先を探せないので、代金は半分返すから」と言って来た。

「いいよ。それではカナダのバンクーバーまでの切符を頂戴。そこには友だちがいるから」とファックスを送ったら、数日後チケットが届いた。これがそもそもの間違いの発端で、楽しい旅のアドベンチャーが次々に発生することとなった。

友だちというのは、バンクーバーのすぐそばの島、ビクトリア市に住んでいるベッキーで英国人。彼女は私の最初の英語の先生で、二十三歳のとき、一人で日本にやって来て「ららぽーと読売文化センター」で教えていた。勿論、日本語はまったく分からない人だった。

一方、私は六十歳をいくつか過ぎても、知っている単語は十個ぐらいで、読めない。書けない。話せない人。ただただ「英語を習いたい」と願望する日本のオバアサンで、クラスの中にこんな人がいたのではさぞかしベッキーも当惑したことであろうが、人の思惑はあまり気にしない私と何となく気が合って、彼女から習ったのは一年間だけだったが、その後、友情だけはずーと続いていた。彼女は「神田外語」の先生になり、そこで知り合ったカナダ人の彼氏と結ばれて、日本で稼いだ二人のマネーを基金に長い間の

念願であった「英会話スクール」を、カナダのビクトリア市で開校した。いや、今まさに開校しつつあるペンキ塗り立ての頃、私が訪問することになったのだ。

地図で見る限りでは、ビクトリアとバンクーバーはすぐ近くでどうにか行けそうな感じ。船なり橋なりあるだろうとエベリンには分かり易いようにと「ビクトリア」と言わずに「バンクーバー」までと言ってしまったのが不運であった。重たいトランクもバンクーバーで受け取らねばならなかったし、もろもろのアクシデントは、このバンクーバーで起こることになる。

五月四日成田発。ユナイテッドエアラインでサンフランシスコ着。入国。小型機で「ベイカーズフィールド」へ。そこにはカナーデソン夫妻が自分たちの住む「ヴァイスエリア」から約二時間もかけて迎えに来てくれていた。オレンジベルトのまっただなか、小高い山の中腹に家があり、そこから麓までの四十エーカーが夫妻の土地で二人とも元教師であった。毎日毎日、新鮮なグレープフルーツと美味しい肉料理を堪能し、ピクニック、ゴルフ、セコイア国立公園などと連日連れて行って貰って、夜には狼の遠吠えを聞き、若者たちのもて遊ぶガンシュートの音まで聞こえたりして楽しく過ごしていたある日、ベッキーから電話が入った。

1．バンクーバーに着いたら、まず電話してほしい。

2．ビクトリアまでは、フェリーだと四時間、飛行機だと二十分で行けるが、料金は非常に高い。往復キップを買った方がよい。橋はないが飛行機は三十分毎に出る。ということだった。飛行機に決めた。三十分おきに出るのなら予約の必要はないと判断した。

カナーデソンさんが頭のように大きなグレープフルーツを五個も持たせてくれて、また二時間以上かけて「ベイカーズフィールド」まで送ってくれた。サンフランシスコで乗り替えてバンクーバーに着いた。

バンクーバーはカナダの西の玄関口、空港は広くて立派。そして人々はみな親切だった。国内線と国外線に仕切られており、距離的には近くてもアメリカとカナダ。サンフランシスコからはインターナショナルの方へ到着した。

①電話をかけようとするがうまく繋がらない。二十五セントコインを入れたが通じないので二つ入れたがダメ。三つ入れてもダメだったし、コインがなくなったのであきらめた。「あそこのシャワーのそばに両替え機械がある」と教えられたので「シャワー」とは何だろうと訝しみながら歩いていくと、それは「男性トイレ」のことだった。詰所に制服のステキなお巡りさんが立っていたので、これ幸いと電話番号を見せて「繋がらないで困っている」と言うと、親切に一緒に付いて来てくれた上、「コインが足りない」と言ってそこの理髪店で理髪して貰っている人からコインを融通して貰って掛けてくれた。コインが六個も必要だったのだ（州が異なると電話代も高くなる）。

②ビクトリア行きのチケットを買う。ベッキーが「高いよ」と言っていたが本当に高かった。三百七十カナダドル。私

は三百ドルしか持っていなかったので、ターバンをまいたインド人のチケット売りのおじさんをそのまま待たせて、荷物をそこに置いたままで銀行に行き、両替して帰って来るとトランクは無事だったのでホッとしながら、

「出発は何番ゲート？」と尋ねるとターバン氏曰く、「あなたにはヘルプする人が必要です。しばらくここで待っていなさい」と言って別の場所に私を連れて行き、椅子に座らせた。わけが分からないけどそこに待つこと十分余りで……来ました、来ました。やって来たのはゴルフカートみたいな車で、運転手とあと二人くらいの人と荷物も積めるくらいの大きさのもの。

「ピーポー・ピーポー」と救急車のような音を出しながら人波をくぐりぬけて、はるか遠くの87番ゲートまで連れて行ってくれるのだ。これは大変ラクチンでよかったけれど途中で運転手のハンサムおじさんが、「料金は三ドル」と言ったのにはビックリ。

ただではなかったのだ。ヤラレタ。ターバン氏にハメラレタ。と思ったが途中で降りるのも気が引けて三ドル払うことになった（料金の下調べ不十分）。

「エアカナダ・ビクトリア行き」は小型機で十二人しか乗れない。十三人目が乗って来たら「すみませんが、次の便にして下さい」と降ろされていた。エンジンがかかってプロペラが回転し始めてからも待つこと二十分。ようやく機は熟して離陸となる。眼下に広がるビクトリア湾には大小さまざまの島々が美しく、瀬戸内海を想い起こさせる。十五分間でビクトリア空港に着き、電話は二十五セントですぐ繋がった。

ベッキーの学校はダウンタウンのすぐ近く、港のそばという最高の立地条件で、部屋数も相当あり、百人くらいの生徒数を見込んでいる。新規開校なので不安と期待で胸いっぱいというところ。着々と内装準備が進められていた。パンフレットには十年前の私の写真もついていたのでまたビックリ。成功を祈りながらヒョッとしたら「生徒になってまた来てよ」と言われそうな予感がする。

自宅はそこから車で二十分もの山の中。鹿が出て来てベッキーが植えた花を食べてしまう。軽井沢を連想させるような静かな四エーカーの斜面に素晴らしい展望で建っている。隣の家は百メートルも先、道は曲がりくねっていてタクシーでは分からないと言っている。三日ほど泊まってビクトリア市内はあらかた見終わった。

「ブッチャードガーデン」の花々はそれはそれは美しく手入れも行き届いていて、見とれるばかりであった。チューリップ、水仙、すみれ、忘れな草などなど。日本のものとは一味異なった「桜」も見事だった。ビクトリアは世界で最も美しい花の街ではないかと思われた。

最終日はバンクーバーに飛び、ホテルに泊まった。朝七時出発の「サンフランシスコ行き」に乗るにはベッキーの家からでは間に合わないからだ。六時三十分までにはチェックインできるように、マゴマゴせずにユナイテッドのカウ

ンターまで直行するには、一応空港内の地理に明るくなっていなければ不安だ。

③国内便で再びバンクーバーに着いて、まず自分のトランクを預けた。三ドルだった。昼食を食べた。お店を見て回った。ユナイテッドのカウンターの位置も覚えた。約二時間ぐらい空港内をブラブラして、それではとベッキーが予約を入れてくれた「ホテル・ホリデイイン」に向かうべくタクシーにするか、シャトルバスにするか……と考えながら預けた荷物を取りに向かった。ところがである。ない。ないのであるオフィスが……。

荷物預かり所は忽然と消えていた。確かこの辺り、駐車場へ抜ける通路が見えたこの景色に間違いはない。隣には日本のJTBの事務所があったのにそれもない。オフィスだったと思われる箇所にはビニールシートが被せられクローズしている。我が目を疑った。あちこちと探し回って顔面蒼白になり、トイレで呼吸を整えたとき、やっとポケットの中から渡されたチケットが出て来た。

「オッ。これだった」

何で今まで気がつかなかったのだろう。これで舞い上がった頭をしずめることができた。先日のお巡りさんとは別人であったのが何よりで、詰所に持って行って尋ねると、

「アップステアーズ」

なあーんだ。二階だったのか。私がウロウロしていたのは一階。乗降客はまず二階のフロアだったのだ。同じ景色の場所にはチャンと荷物預所があり、隣はルックの事務所だった（呆けバアさん。人のことは笑えないよ）。

④すっかり意気消沈してしまった私は、雨も降っているし、夕方からでもバンクーバー市内を見て回ろうかと考えていたのも止めて、ぼんやりとホテルの窓から外を眺めていると、すぐそばに大きなショッピングストアがあるではないか。

「よかった。お土産はここで買おう」忽ち元気が出た私は、雨の中をストアへと向かった。山積みされてある商品の中からあれこれ選んで、チョコレート、ビスケット、キャンディからソーセージまでトランクとリュックに溢れるほど買って、ご満悦でレジに並ぶと係員が私にだけ、「パスポートを見せて下さい」と言う。

「何で私だけ外国人と分かるのかしら?」と不審に思いつつ旅券を差し出すとコピーして返してくれ、次に、「○○カードを見せてくれ」と言う。○○の英語が私には分からない。何度も聞き返したり、「ビザカードなら持っているけれど……」と言っても「ノー」と言う。私の後には長い列ができてしまって、レジ係も困ったのだろう。とうとう、「オーケー。ゴー」と言ってくれた。出口には監視員がいて買った品物をみんな見せなければならなかった。これは私だけではなく皆、同じだった。

一晩たってよく考えてみると、その店は「アウトウォール」といって、船橋ららぽーとにもできたような会員制大型店だったのだ。言葉もよく分からない会員証もない外国人のオバアサンを大目にみてくれたのだ（オオハズカシイ）。

かくして臆面もなく七十二歳のオバタリアンは無事に成田に帰りつくことができた。メデタシ、メデタシ。

（『習志野ペン』46号掲載、平成十一年九月十五日刊行）

モロッコの旅
～人種差別の体験～

「異邦モロッコ探訪旅十一日間」（一七八、〇〇〇円）一九九八年一月十四日成田発。サベナ・ベルギー航空で、ブリュッセルへ。

モロッコへ行くのにまずベルギーに寄り、ブリュッセルで一泊しなければならない。格安の旅行は大体みなそうなっていて、フランクフルトに寄るとか、アムステルダムに寄るとか、何しろガラ空きの飛行機に乗ってあげて安いパッケージを作り上げるらしく、まっすぐカサブランカに着くツアーは割高になっているという何とも不思議なシステムである。翌十五日、ブリュッセルからカサブランカへ約三時間、サベナ二四一という小型機に乗り込んだ。

ここで忘れられない体験をすることになった。機内は狭い一本の通路を挟んで両側に二、三席ずつ全部で五十人も乗れるのであろうか？　我々のツアーが二十五名と他に白人・黒人・東洋人などで空席もかなりあった。飲み物と菓子の機内サービスのあと、ややあって、ウイスキー・煙草・キャンディなどを売るサービスカートが機の頭部前列からやってきた。売り子は二十歳前と思われる二人の白人男性であった。前列から五番目の客が「煙草が欲しい」と言ったらしく、売り子の二人はその客の注文に応じている様子であるが、客の好みの煙草がなかったのか、なかなか買おうとはしない。何だかんだと冗談を言い合いながら話し合っている感じであった。その間、前列二番目の席の男性がトイレに立っていたのが戻ってきた。トイレは一番後尾にあり、従って狭い通路を売り子のカートが占領していたので男性は自分の席に戻れないで立って待っていた。しかるに白人の売り子たちはそんなことにお構いなく、いつまでもいつまでも煙草の客と話し続けている。明らかに無視しているのだ。長い長い時間、抗議もしないで辛抱強くその男性は立つて待っていた。およそ十五分ぐらいは過ぎたであろうか？キチンとしたスーツに身をつつんだ四十歳代ぐらいのベルベル人と思われるその人は、さすがに待ちくたびれたのか後に下がって空いている席を見つけて座った。さぞかし心のうちは無念であったろう。私も見ていて人ごとながら腹が立ってならなかったが、しかし口に出して言ってあげる勇気がなかった。今、思い出しても自分自身が不甲斐なく悔まれてならない。

カサブランカに着いた。今度は何と同じ飛行機で私がやられる番となったのである。私の席より五つぐらい前の席に三十歳代ぐらいの美しい白人女性が、母親らしい人を連れて乗っていた。いざ降りるというときになって母親がモタモタしているので、私が先に通り抜けようとすると何とその三十歳が、「ウエイト（待ちなさい）、順番よ。自分たちが先に降りる」と言い張るのだ。

私がビックリして立ち止まると、まず自分のスーツケースを通路に投げ出して通れないようにし、それから母親をせかせて支度をさせ、何とか立ち上がって通路に出たが、その間五分ぐらいもかかったであろうか？

「何という高慢チキな白人女め！」「コンチクショウ」荷物を蹴とばして先に出ようかと思ったほどだったが、ここでも勇気がなくて黙ってしまった情けない話。

年をとると、今どんな事態が展開していくことになっているのか、飲み込みがスローになり、腹を立てるのにも時間がかかってしまい、適切な処置がとれなかった自分を後で悔やむことになる。今度同じようなことが起こったら、それ相当のリベンジを……と心ひそかに決心を固める。ヨーロッパはアメリカに較べると、人種的にずい分とアンフレンドリーであった。


カサブランカはビルの林立するオフィス都市で、昔の映画のようなロマンチックな所ではない。私たちのバスは、海岸近くに聳えたつハッサン二世のミナレットを見ただけで、アトラス山脈の麓の町マラケッシュを目指して南に進路を取った。車窓の景色は珍しく冬の一月というのに畑は緑がいっぱいで、穀物や野菜が今を盛りと栽培されている。ちなみに夏にはこれ等の作物は強い日ざしと渇水で皆枯れてしまい、畑は茶褐色に変わるのだそうだ。南の山を目指して通るたった一本の道には、自動車や自転車、バイクに駱駝に山羊に緬羊、馬車や牛車、実にさまざまなものが通り過ぎて行く。道の両側に店はなく、百メートルおきぐらいに男の人が立っていて、道行く人や自動車に向かってたった一匹の鶏を高く掲げて買って貰うべく努力している。アスパラを売っている人もいる。どの車も通り過ぎるだけで買って行く気配はないのに、何と悠長な商売であることよ。道は山の方に向かって緩い勾配が続き、土の色が次第に赤茶けてくる。日干し煉瓦で作られた家々が見え始め、やがて「赤い町」と言われるマラケッシュに到着する。

標高四百五十メートルに位置し、何度も王国の首都であったこの町は、メディアと呼ばれる旧市街と、ギリースと呼ばれる新市街とに別れ、史跡としての見所はほとんどメディアの中にある。中でもエル・フナ広場は必見の場所で、大小さまざまなお店が内外に並び、蛇使いやその他の大道芸人のパフォーマンスがいつも見られて、お祭りのような賑わいである。

私たちのホテルは新市街にあって、毎朝五時にはコーランのお祈りの声が拡声器を通じてあたり一面に流される。六時には花火が「ドーン」と響き、ラマダンであることを告げる。まだ明けやらぬ七時にはもう通勤の人が自転車やバイクで行き交い、女性の姿もかなり見かけた。七時半になってやっと太陽も昇り、小鳥が囀り始めたのだ。

クトウビアはマラケッシュのシンボルとしてその美しいミナレットは六十五メートルの偉容を誇り、高い塔の下で真っ赤な派手な衣裳の水売りじいさんがご愛嬌だが、写真を撮るとなるとかなり高額のモデル料を要求される。このあと観光地には必ずこの人たちがいて名物となっている様子である。

宮殿・モスク・工芸博物館などイスラム色豊かでみな珍しかったが、中でもモロッコのディズニーランドといわれる夜のファンタジーショーはなかなかのものだった。

テントの中の客席に着くと、カクテルやモロッコ料理が運ばれる。しばらくしてモロッコの民族楽器を奏でながら数人ずつのダンスグループが客席のそばまでやって来て踊ってみせる。それぞれのグループがそれぞれに工夫をこらした衣裳を揃えて、女性・男性・混成でいろいろなパフォーマンスを見せてくれる。どこの国でもそうだが、最後のダンスのあたりではお客も引っ張り出されて踊らされるので、私はなるべく奥の席を選んで座るようにしている。食事の後は広場に出ていよいよ呼び物の「戦争ショー」である。白い民族衣裳にターバン姿の数十人の兵士たちが鉄砲を持って騎馬にまたがり、高度なテクニックを披露しながら疾走する勇ましいショーで、まっしぐらに客席に向かって突進し、空砲を放つので、自分が撃たれたようなスリリングな気分になった。

十七日はアトラス山脈を越えてワルサザードへと向かう。途中カスバと呼ばれる城壁の町や、ベルベル人の村を抜けて、谷川が流れるくねくねとした細い山道を曲がりながら、バスはようやくテイシュカの二千六百メートルを越えた。モロッコの運転手の技術には改めて尊敬の念を覚える。その上、彼はラマダンだというので朝から何も食べていないのだ。若い方の助手はそんなことにお構いなくパクパクとやっている。私たちも少々心配になってきたので、彼に少しでも食べて貰うべくチョコレートを差し出したり、日本から持ってきたお菓子だと言って煎餅をあげたりしたら、さすがに彼も口に入れたようだった。

ベルベル人の家の中を見せて貰うことになった。山肌をくり抜いたようにして造られた二階家で、下の階には山羊が住んでいる。小枝を拾って煮炊きし、土のベッドに手織りの絨毯を敷いて寝る。近くの川で洗濯をしていた十人ぐらいの女の人たちにカメラを向けると、怒って石を投げて来た。イスラムでは女の人は顔を隠し、写真を極端に嫌う。

ワルサザードはサワラ砂漠の西の入り口でかなりの町。一泊して翌日はドアラ川沿いに美しいドアラ渓谷を見る。ここは「アラビアのローレンス」の映画のロケ地としても有名。バスはエルフードに着いた。

今回の旅のハイライトは、この地での砂漠ツアーであった。午前四時三十分、モーニングコール。四WDに四人ずつ乗って真っ暗闇の中を道なき道を走ること約一時間。バラックのような建物の所で車を降りて、そこから駱駝に乗り換える。一こぶ駱駝で一匹に二人が乗る。月の光だけを頼りに駱駝は隊列を組んで砂丘をゆく。砂丘というのは丸い小山がいくつもあって、上りは気分よく下りは大変恐ろしいのだ。しっかりとつかまっていても、前にツンのめりそうになるのである。後の人は私のお腹にすがりついている。私たちは「月の砂漠」の唄を歌いながら月明かりの中で砂丘の山を越えて行く。何ともロマンチックでかつまたエキサイティングな道行きであった。二〜三十分で頂上と思われる大砂丘に着いた。駱駝引きは若いベルベル人の男の子で、助け降ろしてくれて、カーペットを敷いて私たちを座らせ、寒いからと言って枯草をとって来て焚いてくれる。そこで砂丘に昇る日の出を見るべく約三十分ぐらい待つのだ。私たちのお兄ちゃんは、誰に習ったのか「ポッポッポ。鳩ポッポ」と「金太郎さん」を歌ってくれたのにはビックリした。「日本人に教わった」と言っている。

「家はどこ?」と聞くと「サワラ」と胸を張って答える。「英語はどうやって覚えたの?」「ラジオ」。「電気は?」「バッテリー。自分たちはノー電気。ノースクール。ノーマネー」と言った。テントを張っての牧畜業で何ヶ月かで移動する。水は「地下を掘ると出てくる」と言っている。私たちのグループだけ他とは少し離れた所に陣取り、歌ったり踊ったりする。「寒い」と言うと布きれを肩にかけてくれたりサービスが抜群だと思ったら案の定、隣の年配のご夫婦にチップを要求している。お金でなくキャンデーをあげたらえらい権幕で怒り出して　飴は投げ捨て地団太踏んで喚いている。他のグループにはこんなことはなかった。この賢い勇敢な少年は将来どんな大人になって行くのだろう。とても家業を継いで、大人しくベドウィンの生活で終わるとは思えない。隣国のアルジェリアではいつもドンパチ戦争をやっているので、ひょっとしたらそこらで一旗揚げるのでは?と思ってみたりする。

十九日はアフリカのスイスと呼ばれ保養地として名高いイフランを過ぎてフェズに到着。古都フェズでは有名な迷路スーク（市場）の見学が印象的だった。一旦迷い込んだら二年間は外に出てこられないという所だ。私たちのツアーコンダクターはこのスークの中だけの案内人を傭《やと》った。二十五人のメンバーは一列になって彼に従って狭い石畳の通路を歩いていた。案内人が突然何やら叫びながら早足になった。私たちも遅れじと彼に続いたが、とてものスピードで追いつけなかった。とり残された私たちはやむなく途中でじっと待っていた。しばらくたって案内人は、私たちのツアーの後列の何人かを連れて帰って来た。さすがはプロ。後の何人かが違った道に入ったのに、彼は気が付いたのだった。ヨカッタ、あの人たちは、もしかしたら二年間出られなかったカモネ……スペインを旅行中の日本女性がモロッコに売りとばされていたという話だの、スークの中には石造りの地下室があって目玉をくりぬかれてそこへ落とされるという話だの、私たちは十分に威かされた。

フェズから首都ラバトへ。ラバトからは地中海岸を通って再びカサブランカに出た。ジョルドー門、神学校、モハメッド五世の廟、モスク、国連広場などなど、どれも見応えのあるすばらしいものだった。

モロッコはイスラムの国、コーランの世界で、ベルベル人が六割以上でベルベル語を話し、男女ともブルーの布で覆面をして丹下左膳を連想させるように目だけを出している。怪しい幻想的な国だった。

（『習志野ペン』47号掲載、平成十一年十二月十五日刊行）

◀夜のファンタジー・ショウ。

▼サワラ砂漠のガイドたち。

▼エルフナ市場で。

只今「Ｅメール」に挑戦中

好奇心と物好き精神では人後に落ちない私。二、三年前に暇を作っては「コンピューター教室」に通った。一週に一度学んで三か月で一応終了し、後は自学自習の自由参加ということだったが、そこで足踏みし、どの機種を買おうか？　などと考えているうちにいつの間にか時間が経って志を果たせないでいるとき、突然九州に住む我が次男殿から、「95年ウインドウズのＮＥＣだけど、使うなら送るよ」と言って来たのだ。彼は98年の新型に買い替えるらしい。早速、有難く頂戴する旨を伝えたらしばらくして、近所に住んでいる長女の息子の大学生が（私にとっては孫なのだが）九州まで行って、「武田内科医院」というサイン入りの車に乗って来て、コンピューターを貰ってきた。次男殿の所は経済的には回転しているのか、私にはお古《ふる》のコンピューターを、孫には看護婦さんの乗っていた中古の自動車を下されることになったのだ。

さて品物は届いたけれど、すぐには手を出す気持ちになれないでいた。なぜならばどう考えても私には少し難し過ぎるのである。三か月間、「コンピューター入門コース」で習ったものは「一太郎」に始まって、住所録、年賀状、家計簿、財務会計、表計算などで、住所録、年賀状はまだしも、あとは全く関心のないものばかりである。私は「一太郎」をしっかり覚えて「Ｅメール」のやりとりがしたかったのだが、二、三年も前のことでもあるし、一応は習ったのに分かったようでちっとも分かっていないのだ。ワープロなら必要に迫られて簡単な「お知らせ」とか「総会のご案内」とかは今もやっているが、年と共に新しいものに取り組むには時間がかかり億劫になってくる。学習したことは朧《おぼろ》げながら……ということで、ちっとも自信が湧いて来ない。幸いＹ２Ｋとやらで世間が騒いでいるので、「触るのは正月過ぎてからにしよう」と荷物はそのままにしておいてあった。

ところが、正月には大阪に住む長男殿が孫たちを連れて我が家へお出ましになり、久し振りに賑やかであった。長男殿はコンピューターの荷を解《ほど》き組み立てて、プロバイダーに接続し、メールのやり方を教えてくれた。インクも買い足してプリンターも動くようにしてくれたので大変有難かったが、さて彼が帰ってしまうとダメなのである。こんな筈ではなかったのに全く動かない。あちこちさわっていると「ボン」「ボン」と音を出して間違っていることだけ教えてくれる。遂には終わらせることさえできなくなってしまうではないか。

甥の結婚式で運よく千葉市に住む弟に会い、今度は弟殿を講師として連れて来ることができた。

「埃がたまっている」「拾万円も出せば新品が買えるから苦労することはないのに……」何だかんだと文句を言われながら、それでもやってくれたときにはメールができたようだった。彼が帰るとまたすぐおかしくなり、「ボン」「ボン」の連続でヘルプ！　ヘルプ！　電話で問い合わせても、コンピューター用語をよく覚えていないので言っている意味が理解できないでいる。

とにかく電話回線を分けて、作動中も電話とファックスが使えるようにしなければならない。ＮＴＴのＩＳＤＮというのに申し込んだら数日待たされてから工事に来てくれたが、電話の繋《つな》がりは何秒か遅くなって費用は約二万円。

ＮＴＴではアフターサービスとして、技術的な質問に答えて指導してくれるので一生懸命教わった。メールを呼び出すのにもいろいろな方法があって、この人によると最初がスタート。次にプログラム。次にインターネット。と押して行く。自分で自分宛に送信・受信をさせて貰い、「これで大丈夫」かと思ったのに、また動かなくなって強制終了となる。どうしようか？　またＮＴＴさんに頼もうか？　などと考えているうちに一～二週間はすぐに過ぎてしまって、最初にメールを受け取った友だちからは、「なぜ返事くれないの？」と言ってくる。

もうこうなったら人様からのサービスばかり当てにしていては駄目だ。「よし、プロに頼もう」と考えてプロバイダーの会社の技術サービス部に電話した。返事は「一回約三十分の出張指導で、一万五千円ぐらい」ということだった。また考え込んでしまう。何回も一万五千円ずつ払うのではまったく引き合わないではないか。覚えの悪い私などはすぐに拾万円ぐらい出ていきそうな感じがする。

憂うつな時間を過ごしているとき、英会話のクラスで一緒になった学生さんが、コンピューターの話をしていたら、「修理・学習には出張も応じる」と言ったので、渡りに船とばかり早速、翌日は自宅に来て貰った。彼が言うには、

「以前使っていた人の要らないものが沢山詰まっていて、何かの調子ですぐ動かなくなる状態でよくないから、ソフトを全部入れ替えてきれいにクリーニングしましょう」

ということで、長い長い時間をかけて、

「ああだ。こうだ」

「ああでもない。こうでもない」を繰り返しながら整備に取り組んでくれた。二十歳そこそこの千葉大の学生さんで、なかなかお話しも上手で待ち時間を退屈させずに如才なく応答してくれる。

三時間以上かかってやっとでき上がり。画面も今までの桜の花から明るい鮮明な緑色に変わった。メールのやり方も簡単になった。何より「ボン」「ボン」「エラー発生」で動かなくなることがなくなったような気がした。

代金は最初「三十分で三千円」と言っていたが、全部で二万円払うことになった。専門的なむずかしい仕事を十時から一時過ぎまでも、ジュース一本だけで一生懸命やってくれたのを見ていると、別に「高い」とは思わなかった。

「今度こそ、私にもやれそうだわ！」

だが、矢張りチョットのところで引っかかる。宛名をまちがえないように長い英文字を注意深く押し、本文をやっと書いて、自分のログ名を入れて送るのに、「送信」を押す

と、横にブルーの帯が流れず「パスワード、またはログ名の確認」と出たりする。また本文からやり直し。何度も繰り返している中に自分のログ名の中の大文字のJを小文字で押していたことや、日本語から英文字への転換がよくできてなかったことなどに気づく。

「お母さんからのメールは、届いていません」とか、「メールは同じものが三回届きました」とか言って来る。

アメリカの友人「ナンシー・カナーデソン」と「ロバート・カリー」の二人には、すぐに通じた。英文のままで日本語から変換する必要がなかったためで、変換がうまく行かないときは息子たちにも英文で出したりした。ナンシーからはちょうどタイミングよく「いつになったらEメールをくれるの？　これはとても便利よ」と自分のアドレスを書いた手紙が届いたところだったので、早速、「私もやり始めたよ」と送ったらとても喜んでくれた。

ロバートは「三月に日本に行きたい」と言う手紙にアドレスが入っていたので、交信は頻繁になり、

「北海道に行きたい」

「北海道はまだ寒くてミシガンと同じよ。九州に行こう」「広島に行きたい」

「長崎にも連れて行ってあげるから」

「何日間ぐらい居てもよいか？」

「何日でも何か月でもよいよ」

最終的には「四月十一日から五月一日まで」と決まった。

その後も、「成田から京成ラインに乗って津田沼で電話しなさい。エレベーターはないよ」とか、九州の貴美子さんとも何回も相談して日程を決めた。ロバートからは、「成田からブラック・キャットを利用した方がよいか？」「アメリカで買うパスは一週間分がよいか？　二週間分か？　新幹線はグリーンシートかレギュラーか？」

細心というか用意周到というか、まるでEメールを楽しんでいるようによく届く。

返事は大変である。前もってスペルを下調べしてから、自己流の英文をキーワードするのだからいつの間にか深夜になってしまい、勉強にはなったが忙しかった。

しかしまだ私ができるのは簡単なEメールだけで「一太郎」も完全に使いこなせないでいるし、プリンターもまだ動かない。「ホームページ」はというと、「習志野市」を引き出して行政では荒木市長さんの顔とメッセージ。夏まつり・秋津コミュニティなどを見た。

千葉大学総長を引くと磯野可一先生が出てくる。この方は、父の実家岡山県で隣に住んでいた人である。大阪大学医学部を押すと、精神科教授武田雅俊（長男殿）の顔と教室が出てくる。他は殆ど見ていない。リサーチする暇がないのだ。

今日は千葉の弟へ「ゆり子さん（弟の長女）のお茶の水理学部入学おめでとう‼」のメールを送ったし、ロバートからは相変わらずクレッションが届いている。

（『習志野ペン』49号掲載、平成十二年六月十五日刊行）

黄山登山

「景徳鎮」を昼前に出て、バスは一路「屯渓」へと向かった。道路は道幅が狭く、街中に入ると民家の屋根すれすれに土瓦に今にも触れそうになり、田舎道に出れば笹竹の枝が覆い被さってくるのを撥ね除けながら通り抜けていく。遠くの丘から近くの谷間まで、丘という丘、谷という谷は見事に耕し尽くされていて、バス通りの道のすぐ傍まで、お茶の木や菜種が整然と植えつけられている。

日本と較べてはるかに広い国土を持つ中国であるが、人口もまた多く、ガイドさんの説明によると、「一人っ子政策で十六億の人口がやっと十三億になった」のだそうだ。これだけの人の糊口を凌ぐには、まだ十分とはいえないのかもしれない。「屯渓」の町近くになると家々の造りも洋風にモダンになって来て、白色に塗り込められた外観は緑にマッチして一段と美しく見える。農村の若者たちは都会に出て何年か稼いだら、Uターンして家を造り直すということである。しかしこの国はまだ電力事情が悪く、夕暮れになってもどの家もパッと灯りがともらない。人々はうす暗い屋内よりはと表に出て来て、束の間の残照を頼りに編み物をしたり、片づけ物をしたりしていた。

バスは長い道中に埃をいっぱい被っていて、窓ガラスは内側から拭いても外の景色はまるで見えない状態となっていた。私が休憩時間に、見つけておいた長い柄のついた清掃用のモップで外側からバスのガラス窓を拭いたら景色もやっと見えるようになったので皆、真似をした。「屯渓」着は夜になった。

今夜の宿は「中華人民共和国国際大酒店」である。夕食は黄山名物の「三石料理」である。「三石」とは岩影にいるカエル。岩に生えるキノコとスッポンであった。蛙のフライはコリコリした感じで兎の肉か鶏のような味。スッポンの血はワインに混ぜてあった。中国のレストランでは鶏卵とチンゲン菜の油いためは必ず出てくるが、ライスとビーフには、滅多にお目にかかれない。この辺りの山岳地帯では米がとれないらしく、時として出てくるのは朝粥であった。主食は麦を主体としたマントウである。

明日はいよいよ中国屈指の名山「黄山」に登山する。

一月七日。朝靄をついてバスは出発。黄山山麓まで約三時間、新安江に沿って素朴な田園風景が蜿蜒と続くなか、桃源境を思わせる村落を幾つか過ぎて、やっと登りが険しくなって来た。そして遠くに霞がかかっていたように見えていたのが、急に近寄って来て濃霧となって視界を遮った。登るにつれて道幅も一段とせまくなり、左側には切り立った崖、右側は谷底である。バスは警笛を鳴らしながらスピードを落としてくねくねとした山道を慎重に登っていく。視界が全く不良となる。十メートル、いや五メートル先も見えない状態が続く中を、全員の生命を託されたドライバーの取り組みも真剣である。対向車の現れないことをひたすら祈りながら私たちも緊張の連続であった。この濃霧さえなければ景色に見とれながらの楽しい道行きであったろうに……今は一歩まちがえば一蓮托生、千仞の谷底へ横転の運命が待っている。誰の顔もひきつるわけだ。この道は宋の時代から造られていたが、蒋介石が軍事上の理由から急遽道幅を広げて自動車が通れるように造成したのだそうだ。

　私たちのバスは無事に「伝谷寺」に到着した。乗客は皆、肩の力が抜けたように命があったことを喜びあった。改めてドライバーの技術に感謝した。

　ロープウエーは、山頂まで約千メートルの高度差を八分間で到着する。眼下の山路には何と苦力《クーリー》が重たい荷物を背負って、または天秤で荷物を左右に振り分けて、エッチラ、オッチラ登って来るではないか。これは大変なエネルギーである。中国ならではの光景であった。

　ロープウエーを降りると急に視界が開けて霧は去り、青空のもと岩に聳える老松の梢を渡る風の音と、眼下には見渡すかぎりの雲海が横たわり、息を呑むようなすばらしい風景であった。絶景かな！　絶景かな！　仙人の住む所かとも思われる幻想的な、もの想いに囚われながら数十歩ばかり進むと、「百丈泉」の瀧が、その姿のままの形で凍結していた。自然の作り出す美と厳しさを同時に感じながら、西海飯店ホテルを目指してなおも進むこと数十分。ここ登山道はすべて石の階段で造られていて、その総数は四万段とも言われており、七十余りの峯と峯との間を縫うように敷きつめられている。

　足の弱い人には駕籠かきが待っていて、飛行機のシートくらいの大きさの竹製の駕籠に二本の竹竿を渡したものを四人の女の人が担ぎ上げて、まるでお祭りのときのように輿の周りには華やいだ飾りを付けて、乗る人も担ぐ人も賑やかであった。

　この日は天候がよくて幸いであった。現地のガイドさんが「自分は過去六回ここに来たけれど、こんなに天気のよい日は初めてです」と言った。とにかく山頂は雨の日が多いのだそうだ。

　勇壮な姿を誇る「黒虎松」の所から遠くに「始信峰」を望む。「獅子峰」は日没を見るのによい場所。「猴子観海」の頂上は猿が手をかざしているように見える。数々の奇岩、怪石、老松などに雲がかかったり、雲海となったり、それはまさに幽玄な水墨画の世界であった。

　類稀なる風光明媚なこの風景も、午後になると雲が出て来て何も見えなくなってしまった。夕方には雨も降るとのことで、私たちはやむなく引き揚げたが、登山愛好者たちはリュックサックを肩にまた登っていった。若い人たちは元気いっぱい、何も見えなくても登ることに意義があるらしい。羨しい限りである。

　予報どおり夜半より雨になった。私はなかなか寝つかれなかった。ここ西海飯店は、ロープウエーのある「白鵝峰《バイオーフォン》」までかなりの急坂が続くので、登りに弱い私の体調から考えて「帰りは駕籠にしよう」と決めていたのに、この雨では、はたして駕籠は出るのだろうか？　また出たとしてもどうやって乗ればよいんだろう？ 傘をさして乗れるだろうか？ 靴はビショビショに濡れて壊われてしまうのではないだろうか…などなどと考えていると心配が募った。とにかく駕籠は前日に注文しておいた。

翌朝になってもまだ雨は降っていた。朝飯のため食堂へ向かうとホテルの玄関前に「カッパ売りさん」が来ていた。「カッパ」といってもそれはうすいビニールを上着の形とズボンの形にのりで張り合わせただけの名ばかりのものだったけれど、上下が十元で飛ぶように売れた。私も購入することができたので、昨夜来の心配はこれでふっとんだ。朝飯がすんで再び玄関前を通って部屋に戻ろうとする頃には、雨はほとんど止んで、カッパの代金は五元に下がっていた。

お天気であれば日の出を見ることもできたのに、今日は残念であったけれど、元気な人は再び登山を試みていた。「歩けなくなったらオンブしてあげるから行こうよ」と言ってくれた頼もしい男性もいたのだが、さすがに遠慮して部屋に残った。

頼んでおいた駕籠かきが二人来た。若い紅顔の美少年で、弟の方は十六歳ということだった。兄の方はキチンとした背広姿で、ネクタイこそしていないがサラリーマン風。出勤前の一仕事といったところらしく、およそ駕籠かきのイメージとは違う二人だった。

「エッフォ、エッフォ」互に声を掛け合って急坂を登って行く。先に行く弟の竿は長く、後の兄は短い、私も彼等に合わせて「エッフォ。エッフォ」と掛け声をする。滑らないように石段を踏みしめながら彼等の頬は次第に紅潮していく。危険度は昨日の霧の中のバスに勝《まさ》るとも劣らない。彼等のどちらかが一歩足を踏みすべらせばどうなるのか？「もうここまで来たからにはどうなっても仕方がない」と腹をくくらねばならない。中国は恐ろしい所である。途中で二回ほど小休止する。そうっと気をつけて降してくれるが、後の兄の負担は大である。人っ子一人通っていない山の中で、何だかうす気味が悪い。案の定、弟の方がチップを要求してきた。私は、「着いてからあげるから」とやっと納得させる。私が払う二百元のうち百元がホテルに行き、百元が彼等のものとなるのだが、それ以上に若干の「チップをくれ」と言うのである。拒否するのは難しかった。

今回は一月のウィークデイであったので人出は少なかったが、春先きには多勢の人で山は埋まるのだそうだ。

もっとも不思議だったことは、自動車道が海抜七百メートルのロープウエーまでなのに、山頂千五百メートルとかに建っているホテルなどの建造物は、どうやって物を運んだのか？ ということである。「すべて人力です」という答えだったが信じられない。ヘリコプターでででも運んだのではないのか、いや中国のことだから人海戦術でやり遂げたのだろうか。謎は最後まで解けなかった。

（『習志野ペン』51号掲載、平成十二年十二月十五日刊行）

▲絶景かな！　絶景かな！

▼黒虎松の断崖より始信峰を望む。

▼獅子峰より眼下を見る。

「納得できない話」を聞いた

二〇〇〇年一月四日出発の中国旅行のツアーに参加した。前年の暮れに行きたかったが、世界中が「Y2K」で騒いでいて、

「コンピューターの誤動作により計器類が正規に動かないで航空機の発着も怪しくなる」

「国内ではその対応に万全を期して備えているが、外国では、特にロシア・中国などでは手当てが十分でないので何が起こるか分からない」……などなど。

「そうなれば事面倒だわね」


私も友人たちの忠告を素直に入れて、年が明けてからの出発にした。しかし結局は「大山鳴動鼠一匹」、天下泰平のうちに終わったのだが、このことに関しては世界の科学者たちがおおむね無知であったのか、これは単なる流言飛語であったのか、未だに釈然としないでいる。

「上海－蘇州－景徳鎮－黄山－杭州七日間」というこのツアーには、二十七名もの私と同じ無知クラスの人が集まった。


上海は一泊して通過するだけ、蘇州は「もう一度行ってみたい」と思わせる風情溢れた懐かしい町であったが、余韻を噛み締めながら夜行列車で景徳鎮へと向かった。

車両は四人ずつが一部屋である。飛び込みシングルの私は、レストランなどで席に着くときにもいつも余りの席を埋めるような立場になるので、じっと添乗員さんの指示を待つ。今回は成田から同行だった若い女性添乗員さんと、中国人男性の現地ガイドの徐さんと私の三人が同室とされた。二人の女性は寝台の上段を希望し、大人しい徐さんが下段に寝た。


徐さんの日本語は完璧であった。言葉づかいといい、抑揚といい、敬語の使い方まで申し分がなかった。五年ほど前に北京・西安に旅行したときは、中国人女性ガイドがヒドイ日本語で、トーンが一段と高い上に何を言っているのかよく分からない状態で、長時間も聞かされていると頭痛がしてくるようだったが、今回は徐さんの見事な日本語で嬉しかった。他の人たちも同感だったらしく口々に巧みさをほめた。

「どこで習ったの？」

「日本に住んでいらっしゃったの？」

と聞いている。彼は、

「日本語はハルピン大学の日本語科で習いました」

「日本には行ったことがありません。しかし一度は行ってみたいと思っています」

「うーん」

と唸らざるを得ないではないか。私は同室になったのを幸いにさらに突っ込んで聞いてみると、

「私の日本語の先生は、福田先生といって日本人女性です。今はもうリタイアされましたが、中国人男性と結婚されて

ハルピンの近くに住んでおられます」

「先生は一九三〇年生まれで、新潟県の方です」

「その先生は日本人孤児なの？　新潟には帰られないのですか？　親兄弟は？」

「日本が戦争に敗けたとき、中国人の家に引き取られて、後にその家の息子さんと結婚され、子供もできておられます。新潟へは何度も帰られましたが、中国で暮らすことを望んでおられます。『大地の子』の映画と同じですよ」

徐さんの話を聞いて、私はこの上なく胸を打たれた。できればその先生と会ってお話がしたかったが、それは簡単にできることではない。

私たちの女学校の同期生も何人かは、今以て行方が知れないでいる。北朝鮮・咸興の高等女学校を卒業して、大方の人は日本内地へ引き揚げて来たが、名簿ではまだ約四分の一が不明である。何らかの事情があって、未だに北朝鮮に残っているのではないかと考えられるのだ。

私たちが学生の頃はハルピンは満州国と教えられ、南北朝鮮・台湾・千島列島・樺太も赤く塗られて日本の領土だった。親たちは勇躍、新天地を求めて海峡を渡った。満蒙開拓団もまた国策に従って各地から集められた人々で、黒龍江省などソ連との国境近くの地に農民として入植して行った。

さらに徐さんは言う。

「この列車の隣の部屋は偶然にも四人の男の先生たちで、その中の一人の方はお姉さんを満州で亡くされ、それも逃避行の途中に日本人に殺されたそうです」

とただならぬことを教えてくれた。

翌日、私は早速にも「姉さんを亡くされた方」に見当をつけて、話を聞くべく接近した。

それは何とも悽惨な物語であった。こんなことがあってよいものだろうか？　私は一生涯忘れることのできないショックを受けた。

昭和二十年の夏、終戦も間近い頃は、その精鋭を謳われた関東軍の姿は満州の広野にはすでになく、隠密のうちに南方戦線へと移動させられていた。私たちの住んでいた北朝鮮の主要都市の学校を宿舎として何泊かした後、兵隊さんたちは去って行ったのだ。

「兵隊と親しく口を聞いてはならない」

とその筋からのお達しもあったが、何となく気配を感じていた私たちは、教職員室から「どじょう鍋」などを作って差し入れたりしたことを覚えている。

「自分たちにはもう必要ないから」

と言われてお返しにギッシリ詰まった国防色（褐色の兵隊服の色）の糸を貰ったりした。白い花をいっぱいに付けたりんご園の樹の下で自決した人もいた。新聞は一人の若者の死を悼むより「陛下より賜わった銃」を使用したと非難した。

当時、満州の地には、開拓団、満鉄関係事業団、学校、病院、商業施設など日本政府の延長線上に一応何でも揃っていて、現地の人を支配下にむしろ本土より生活はハイレベルで新興の地に人々は意気軒昂であった。しかし日ソ不可侵条約は簡単に破棄されて、ソ連軍が侵攻し、楽園は地獄に変わった。

田中先生のお姉さんも二人の幼な児を連れて、四百名の開拓団員と共に逃避行が始まった。チャムスから南へと歩けるだけ歩くうちに、飲料・食料も底を突き、目前にはソ連の戦車隊が迫って来ていた。団員を率いるリーダーは、「もうこれまで」

と集団自決を決議して、そして実行した。六人のリーダーたちは四百六十人の日本人開拓団の家族を銃で打ち殺した。

何時間も何時間も長い時間がかかったそうだ。白骨はサラサラと、今もその地に山となっているそうだ。

「何でこの人たちは銃を持っていたの？」

「開拓団では、リーダーだけが銃を与えられていたのだよ」

「何でこの人たちは、兵隊に行かなかったの？」

「リーダーは、徴兵をまぬかれていたらしい」

全くヒドイではないか。世の中にこれ以上の愚行があったろうか？　自分たちの家族を、抵抗もしない婦女子を隣人を、団員の生命を護るべきリーダーたちが打ち殺すとは……　しかもである。この人たちは決行後も死ななかった。ソ連に投降し、シベリアに何年か行って帰って来て日本の地で生活しているとのことだ。六人の中には、精神状態のおかしくなった人もいると言うことだが、

「墓参に行ったときも、とりわけ反省している様子は見られなかった」

と田中先生は口惜しそうだった。非業の死を遂げなければならなかった四百数十名もの霊魂は決して浮かばれることなく満州の広野に置き去りにされている。伝え聞いた家族・親類縁者のやるせない気持ちは、百年が過ぎても変わらないであろう。奇跡的にも子供が八人、助かっていたということだ。

「その人たちは、自分たちが死ぬ番であるのに死ねなかったのね」

「人間とは悲しいものね」

誰かが言った。

「戦争のときは仕方がなかったんだよ」

と誰かが言った。でも私は、納得できない。

（『習志野ペン』50号掲載、平成十二年九月十五日刊行）

中国よりの客人

二〇〇〇年十二月、それはミレニアムという二十世紀も残り少なくなったある日のこと。我が家には中国より「安玉海」さんというゲストを迎えることになった。

彼は上海市教育委員会に勤務するエリートで、このたび千葉県が企画した「中国青年招致事業」で招かれた六人のうちの一人で、四百何十名かの日本人と一緒に船で千葉港に着いた。船中での三日間で、かなりの日本語を覚えることができたと言っている。上陸後、セレモニー・研修・東京タワー、ディズニーランドなどを見学して、八日間の日程の最後のイベントが日本人家庭でのホームステイとなっていた。

千葉県国際交流協会から私宅に打診があったとき、「私は中国語はできませんけど」と言うと、「彼は英語ができるので大丈夫ですよ」と言われて、金曜日午後四時、千葉市の「ホテル・サンガーデン」に中国語を少し話せる友だちを連れて迎えに行った。

今までに何回も外国人をホームステイとして受け入れてきたが、中国の人は初めてであった。

初対面での印象はといえば、同じ東洋人として背丈、風貌もさして変わらず、尊大ぶったところもなくて、最初から親近感を覚えた。友だちがおぼつかない中国語で相手しているうちに三十分足らずで家に着き、手作りの夕食でもてなしてから、恒例のわが家に集まってくる「英語をしゃべる会」のメンバーの到着を待った。

今日の出席者は七人。オフィス・レデー、ハウス・ワイフ、パイロット、千葉大生、自由業とさまざまで、みんなこの会合を楽しみにしている人たちである。メンバーの中に中国語を習った人が他にもいて、話は弾みに弾んで、通常は十時に終わることにしているのに、十一時になっても誰も帰ろうとしないので、意を決した私は「今日はこれでおしまい」と宣言しなければならなかった。

安さんは正直者であった。傲慢なところは全くなく、控え目で遠慮がちに見えたが、言いたいことは臆せずきちんとしゃべっていた。私たちが驚いたのはまず、「日本に来たのは初めて。海外旅行も初めてです」と語ったことだった。

次に感心したのは、

「上海では妻の両親と同居しています」ということ。「イズ　イット　コーメン　イン上海?」とメンバーの一人が聞く。

「イエス　イット　イズ。アパートの家賃は高いし、私の両親の家は田舎で、とても通勤できないからです」と言う。

また誰かが尋ねる。

「アー　ユー　ワン　チヤイルド?」

「ノー　アイ　ハブ　シックス　ブラザーズ」

安さんは末っ子で、その頃はまだ一人っ子政策になっていなかったのだそうだ。

「オウ　ユウワー　ラッキイ。教育委員会ではどんな仕事をしていますか？　先生として学校で教えたりしますか？」とほかの一人が聞く。

「先生ではないので教えたことはありません。教育の政策を研究する立場です」

「ホワット　イズ　メジヤー　イン　ユアー　ユニバーシチイ？」

「教育学です。これが私の身分です」と言って「上海市教育委員会政策法規処」と書いてある名刺をくれた。

「中国の学校制度は？」と誰かが尋ねる。

「小学校が五年、あと三年・三年、大学が四年で大学院が三年、全部で十八年かかりました」

「日本と大体は同じね。職場まで何で通っていますか？　どのくらいかかりますか？」

「自転車で五十分かかります」

「僕はモーターバイクを使っていますけど」と千葉大生。

「中国ではモーターバイクは金持ちの人だけで、一般の人はほとんど自転車です。自動車はとても少ないです」

　私は言った。

「日本も四十年ぐらい前はみんな自転車だったのよ。私も学校に勤務しているとき、十年ぐらいは自転車で、次の十年ぐらいがモーターバイク、最後の十年が自動車だったのよ。日本人がまだ自転車の頃、アメリカでは高校生がバイクで通学し、一家に一台は自動車があるってことを聞いて、とても羨ましかったのよ。あなたの国ももうすぐ、みんなが自動車を持つようになるわよ」

「武田さんは、どうやって自動車運転を習いましたか？」

　この質問は面白かった。

「私は五十歳のとき、職場の帰りにドライバー・スクールに通いました。私は二か月間もかかりましたけれど、若い人たちは一カ月しないで、ライセンスをとっていましたよ」

　自動車学校の話は彼にはまだピンときていない様子だったし、七十四歳のおばあさんが運転しているのも不思議だったらしい。

　安さんは日本で購入したビデオカメラをみせて、使い方を千葉大生の男の子に教わっていた。

「中国の女性はどんな生活ですか？　男女は平等ですか？」と主婦の一人が聞く。

「中国の女性はみんな働いています。しかし完全に男女同権ではありません」

「今回来日された六人の中には女性もいらっしゃいますか？」なかなかいい質問をしてくれる。

「イエス。スリー・スリー」

　これは私がいちばん感心したところである。さすが中国。日本では「三〜三」ということはまず考えられない。よくて「四〜二」か「五〜一」ぐらいが普通ではないだろうか？

　翌朝、私は安さんに昔のアルバムを見せた。「文部省教員海外教育事情視察研修昭和五十四年度佐賀県」というもので、総勢三十二名。女性は私を含めて六名だった。オランダ、西ドイツ、フランス、イギリス、イタリアを半月以上かけて外遊することができた。

私は「スリー・スリー」でため息をつき、安さんはパリ、ロンドン、ローマなどの写真を見てため息をついた。

最近、日本も「男女雇用機会均等法」などの法律が漸次整備されてきたが、わが国の女性の地位の向上・社会的進出の状況は、はなはだ芳しくない。世界の先進国の中では最下位にあるのではなかろうか（家庭内でのポジションは結構高いと思われるのだが？）。


翌日の土曜日は、「ビギン」というイングリッシュクラスに連れていった。このクラスは、毎週新しい外国人を見付けてきて英語でスピーチして貰いながらトーキングするというユニークな形態で、近くの公民館で十年以上も続いている。

「安さんをそこに連れていく」ということは、私が急に思いついたことなので、ゲストにも司会者にも断っていなかったのだが、「安さんは同じ東洋人の顔だから、黙って座っていれば、中国人と見破られることはまずなかろう」と思っていた。しかしそれはとんだ大間違いで私の思惑は見事に外れ、安さんは嬉々として誰彼となくしゃべって回り、「私は上海から来ました」と名刺を渡している。

西洋人形のようなアメリカ人女性の今日のタイトルは、「クリスマス」であった。話のなかほどで突然司会者が「本日、私たちは上海からのゲストも迎えております。中国のクリスマスの様子も聞かせてください」と水を向けてきたので驚いた。

ハラハラしている私を尻目に安さんはすかさず「上海でもクリスマスを祝います。しかし一番賑やかで大切なのは、二月の正月です。爆竹の音と光はどんな田舎でも夜空に響きます」安さんの発言で、会話が一層高まってきて私はほっとした。

「このクラスの在り方は、ヒアリングにとても効果的ですね。連れてきてくださって有難うございました」

「グッドでしょう。上海であなたもこのようなクラスを作ればよいわ」と私は言った。

クラスのメンバーとの食事の後は「浅草」へでも……と思っていたが、五時までに送り届けるには時間が足りなかったので、サッポロビール工場見学に変更した。

サッポロビールではまず、アストロビジョンによる迫力ある映像がドームいっぱいに写しだされ、英語のイヤホーンを貸してくれる。工程の説明には、中国語のテープを持ったガイドさんが付いてくれて、最後にはビールをご馳走になるのである。

あいにく土曜日で工場のベルトコンベアーは止まっていたのに、安さんはいたく感激して「中国ではまだこんなに素晴らしい設備はできていません」と言って熱心に見て回った。

夕暮れの車ラッシュの道を一時間近くかかって送って行く。別れるとき私に「上海に来られたときは、ぜひ私の家に泊まってください」と言ってくれた。

一週間後、ふと目を留めた朝日新聞の記事に「中国から日本への団体旅行が解禁されて三か月」という見出しがあった。それによると解禁にはなったものの、いろいろと規制がきびしく、料金の壁も高く、訪日者はまだ八百人にとどまっているという。旅行観光会社は、日本での失踪者が出た場合、当局から旅行業務の取り扱い停止を受けるとかで戦々恐々としており、これまでに三人の失踪者があったそうだ。

また旅行費用とは別に一人あたり五万元（北京市民月収の約五十倍）を保証金として預かったり、身元調査も厳重で、日本に着いてからも個人行動は許さず、乗り物やホテルでの出入りの度にチェックされて不愉快の上、一万八千元は高すぎる……と来日した実業家の声が記されていた。

政府間での日中取り決め事項として、中国国民の観光旅行先は、タイ、マレーシア、シンガポール、フィリピン、オーストラリア、ニュージーランド、韓国、日本に限られ、また旅行できる人は、北京市、上海市、広東省に住む住民だけと定められているということであった。

安さんの場合は、政府からの研修旅行であったのでそのような厳しい規制はなかったと思われるが、一般の人たちがまだまだ難しい状況にあることを知らなかった私は、今更のように安さんをホテルの玄関口までは送って行ったが、ロビーの中までは入っていない。担当者か誰かに安さんを引き渡し、ちゃんと挨拶をしてから帰るべきだったろうか……と思ったりした。

（『習志野ペン』52号掲載、平成十三年三月十五日刊行）

▲中国から来た客人たち。

メキシコ漫遊

二〇〇〇年二月、「メキシコ世界遺産周遊の旅」のツアーに参加した。それまでメキシコについては何の予備知識も持たなかったのに、ただ、

①一度もいったことがない国。

②このツアーの費用が格段に安かったこと。

③自分のスケジュールが時期的に可能であったこと。

以上の理由で申し込んだところ、総勢三十六人もの大人数であったのには少々驚いた。多くの人が①の理由にもっとも魅力を感じたのではなかったろうか。三十六人はいずれ劣らぬ旅の強者《つわもの》ぞろいで、年齢では私は上から二番目であった。

コンチネンタル航空で、ヒューストンまで十一時間、さらに同社の小型機に乗り換えて二時間でメキシコ市に着いた。覚悟はしていたものの、道中はさすがに長かった。近ごろはエコノミークラスでも、シート毎に背もたれに小型テレビがついていてゲームなど楽しめるのだが、見るのにはちょっと近過ぎるのだ。それでも我慢して同じ映画を三回も見ているうちにメキシコ空港に着いた。

〔メキシコ市〕

太古の昔、火山活動があり地殻変動によって頂上に広大な盆地ができて、五つの湖が生まれた。そのうちの一つ、テスココ湖に浮かぶ小島に都をつくり、湖を埋め広げてアステカ文明が栄えたということ。その後にやってきたスペイン人は、古い街並は土を盛って埋め、その上に石作りのモダンな市街地を造り上げてメキシコ市の基礎としたということである。その証拠を現地ガイドさんが見せてくれた。

それはもともと湖の中という軟弱地盤であるがゆえに、スペイン人によって建てられた立派なビルディングの多くが傾斜してしまっているのだ。スペインの前の現地人であるアステカさんたちも、王が変わるたびに埋め直してはその上に新しい宮殿を造り足して来たのだそうだ。

むかしむかし、北方からこの地にやって来たというアストランの人々の長が、「このメリット湖に宮殿を創れ」と神のお告げを受けてから以後何百年。最初の頃は湖上に浮かぶ大宮殿としてさぞや美観であったろう。しかし地盤沈下や洪水にたびたび悩まされたらしく、埋めて、埋めて、また埋めて現在のメキシコシティになったということで、本当にご苦労なことだと思う。しかし埋立地であったがゆえに周辺の土地は縦横に開発ができて有効な土地利用が可能であったとも考えられる。

現在のメキシコ市は海抜二千メートルの高地にあり、人口は二千万人を越えている。一九六八年オリンピックのマラソン競技では、選手たちは高地ゆえの酸欠状態に悩まされて体調を崩したそうである。市街にはモダンな高層建築が建ち並び、スペイン時代の瀟洒な歴史的コロニアル風な

建物が共存して、その地下にはアステカ王国の廃墟が眠っている。

オフィス街はエネルギッシュに人々が往き来し、商工会議所・銀行などの立派なビルディングの前には銃を構えた兵隊や、棍棒を手にしたポリスが警備に当たっている。貧富の差がはげしくて治安はあまりよくないらしい。人目を惹くのは小型タクシーで、一昔前日本でもよく見られたフォルクスワーゲンの「かぶと虫」に統一されていて緑・赤・黄と色鮮やかに塗られ、車体の屋根の部分には大きく番号が書かれていた。

メキシコの人たちは背があまり高くなく、どちらかといえば小太りである。髪は黒く肌の色は少々浅黒く、目玉が大きい。人々は「テキーラ」を飲み、ピリ辛スパイスの利いた「トルティジャー」に「タコス」を食し、音楽を愛好する陽気な人たちである。人類がこの地に住みついたのは約二万年前といわれ、その後B・C百年にはクイクイルコ族がテイテイオワカンを誕生させ、十四世紀の頃よりアステカ・マヤ民族が住み始め、その後アメリカからのクレオール・インディオ。イベリア半島からのスペイン人。黒人・白人・東洋人などが混ざりあって今日のメキシコ共和国となっている。一九六二年に独立した新興の国であるが、芸術・文化活動は創造性に富み、魅惑に満ちている。

〔テイテイオワカン〕

メキシコシティの北東五十キロに位置する壮大なピラミッド群で、二千年前に栄えた古代都市として未だに謎に包まれている観光地である。ここには太陽のピラミッドと月のピラミッドを結ぶ「死者の道」を中心に、二十万人以上の人々が住んでいたと推定されている。なかでも「太陽のピラミッド」は底辺の一辺が二百二十五メートルもあって、エジプトのクフ王のピラミッドにも匹敵する大規模なもので、二百四十八の石段を登ると頂上には一年に二回、太陽が真上を通るようになっていて、そのときはまるで後光がさしているように光り輝くのだそうだ。私たちは勇躍その階段を登りにかかったが、なにしろ階段の幅が広くて掴まる所がない。降りるときには皆苦労して一段ずつお尻をついて降りる人もいた。

翌八日、メキシコシティ発。ドメスティックなメキシカーナ航空で「ビシャエルモサ」へ。ここで私にハプニングがあった。

三十六人ものツアーメンバーに添乗員はたった一人で大変である。バスの乗り降りからトイレタイム、レストランの交渉など思わぬ時間がかかる。しかしメキシコまでも来るほどの人はおおかた旅慣れていて、さほどの手間もとらせず、手を焼くような人はいなかったのだが、私は一つ大失敗をしてしまった。各自に飛行機のチケットは配って貰っていたが、ゲートナンバーは印されていなかった。

「ここで待っていて下さい」と言われて全員腰を下ろしているとき、ふと目にとまったのが空港内の本屋の入り口の日本語のガイドブックであった。中に入って買って出て来てみると誰もいなかった。三十五人は消え失せていた。サア大変。私は青くなった。何番ゲートに行ったのか探し出さなくてはならない。メキシコ空港にはおびただしいナンバーの搭乗ゲートがある。まずは落ち着いて――と自分にいい聞かせてから、客のいないカウンターに座っていた立派な髪のオフィサーにチケットを見せて、

「私は何番ゲートに行けばよいのでしょう?」と尋ねるとコンピューターをはじいてくれて「十三番。ハブ　ア　ナイス　デイ」とにっこりしてくれたが、こちらはまだ気が気ではない。走るようにして十三番にたどりつくと皆はそこにいた。助かった。ほっとしたので黙っていればよいものをついシャベッテしまった。

「離れるときは誰かに言ってから行って下さい」と釘を刺された。一言もない。

飛行機を降りるとユカタン半島である。マヤ文明の遺跡「バレンケ」へとバスで五~六時間農村地帯を行く。先月旅行した中国は、隅々まで耕されていて整然としていたがそれとは裏腹に農地とも草原ともつかない緑地帯がどこまでも続き、あちこちに牛馬が放牧されている。道理で、毎日食卓にはステーキが出てくるわけだ。

これが中国では鶏卵だった。こちらの主食は、とうもろこしを粉にして練ったものを焼いたり、揚げたり、蒸したりして、肉や野菜を挟んでピリ辛ソースにつけて食べるものので結構いただける。しかしライスはパサパサで日本人の口には合わなくて、誰も次第に食べなくなった。

現地ガイドはいずれも日本人で、メキシコ市では女性、ここでは男性に変わった。両人ともメキシコ人と結婚していて、日本人との会話はなつかしいらしく熱心に説明してくれる。炎天下を物ともせず話が尽きないのには参った。バルンケには古代マヤ族の遺蹟が数多く残っていた。石造りの建造物は白い漆喰で塗り固められ、亜熱帯の林の中に隠れるように存在しており、大宮殿・碑銘のピラミッド・太陽の神殿などが昔の栄華を偲ばせている。広い基底部の上に建つ神殿は穴つきの狭間があって、風通しと採光にもよく、屋根の形は優美である。

内部の芸術的な彫刻もさることながら、一九五二年の発掘調査によって碑銘の神殿には秘密の地下道が二十メートルにもわたって造られており、その奥には立派な納骨堂が発見されていた。手前の部屋には、数々の副葬品と犠牲になった五人の子供の遺体があり、次の部屋には一枚岩を刳り貫いた見事な石棺に、これまた八トンの重さの一枚岩の蓋が被せられていて、朱色の粉に覆われた中に一人の男性の骸骨が、翡翠などの高価な装身具を身に付けて、どの指にも一本一本指輪がはめられて眠っていたという何ともミステリーな話であった。

当時、マヤ民族はユカタン半島を中心に、メキシコ・グアテマラ全体に広く分布し、今でもマヤ語を母国語とした人たちは五十万人もいるそうである。マヤ文明はすぐれた表記法を持ち、数学・天文学には驚異的な業績を残し、一年を三百六十五日とした太陽暦・月齢・日食なども予測し、

過去から未来まで六千四百万年までの時間の絶対年譜を作り上げていたということだ。十六世紀スペイン人の侵略によって住居地域を分断されてから、部族間にも差異が生じ、民族固有の文化に固執するものや血縁関係で結ばれた大家族は、農業に従事して底辺の生活を余儀なくされている。

マヤ人の特徴としては、背が低く、鼻が大きく、髪は黒いモンゴリアン系である。我々と似てはいるが、ずんぐりとした感じで首は短く、ないに等しい。額は狭く「狭いのがよし」とされた時代もあって、子供の頃に人為的に板で頭と顎を挟んで押さえつけて短くしたそうである。血族結婚のせいで六本指の人が生まれたりしたが、稀なる人として大切に扱われたという。

〔二月九日〕

エズナ・ウシュマル・カバーと古代のマヤ遺跡をいくつも見ては毎日ピラミッドに登った。ウシュマルは世界遺産に指定されていて、十五の建物が二キロメートルにわたって造られている壮大なもので蛇の装飾が多い。占い師のピラミッド・短形の尼僧院・総督の館などそれぞれが秘めたる歴史を物語っている。ペロータの球技場には、バスケットボールの石の穴が残っている。競技の勝者が生け贄とされたのは理解に苦しむところである。

〔二月十日。チェチェンイツア〕

チェチェンイツアはマヤ古典期最大の遺跡で、これも世界遺産に指定されている。A・D六百年の頃、ククルカンによって建造されて、その後トルテカ民族に征服され、千四百年にはココム族が支配した。九層から成るククルカンのピラミッドは荘厳で、四面に石段があり、頂上には赤く塗られて翡翠をはめこんだジャガーの王座がある。例によってガイドの吉田さんの熱心な説明があり、またこのピラミッドにも登ることになった。

〔二月十一日。カンクン〕

最終地はカンクンである。カリブ海に細長く突き出た半島のように見えるが、実は島であって橋で本土と繋がっている。この島は世界のリゾート地として有名で、数多くのデラックスなホテル群がこの中海に集まり、豪華さを競っている。私たちのホテルは「ピラミデス」といって「シェラトン」の隣でなかなか感じがよい。最終日であるのに我がツアーメンバーの大半はオプショナルでトウルム遺跡に行くという。私もすでに払込済みであったが、一晩考えた末、潔く二万円を捨てて一人で街を散策することに決めた。ノウモアーピラミッド。どうしてもゴージャスなレジャー地域を見たかった。

最初はタクシーで繁華街まで行き、帰りはバスで二度も往復し、バカンスの街を堪能した。両サイドに広がるエメラルドグリーンのカリブの海は、他に見たことがないほど美しかった。人々はダイビングに、ヨットに、釣りに、ゴルフ・テニス・ショッピングにと楽しんでいる。英語が通じるのが何よりである。ショッピングセンターでは、髪を何本にも三つ組に編んで、土色の化粧をし、ピンクに唇を塗った女の子たちに出会った。近づくと日本語で話しているのでびっくりした。何とガングロさんたちである。

この世のものとは思えないくらい美しかった紺碧の海の色。真っ白な砂浜。オレンジ色に輝く黄昏時の船着場。すばらしいホテル群に囲まれて、ショッピングもしたし、プールにも入ったし、心地よい浜辺の風に吹かれて私は大満悦であった。

（『習志野ペン』53号掲載、平成十三年六月十五日刊行）

▲白い漆喰で塗り固めた石造りのマヤ大宮殿。
▼古代マヤ遺跡「太陽の神殿」。

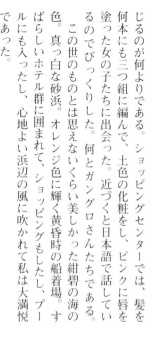

ドイツ青年「ヨング君」

ドイツの青年「ヨング君」がうちへ泊まることになった。彼は大学生であるが、ドイツの自動車会社の研修生として五カ月間日本に滞在し、日本の文化に触れながら仕事と勉学を両立させて見聞を広めるのである。

ドイツの学校の仕組みは日本とはやや異なっていて、小学校は大体同じようだが中学校からはすでに人生の分岐点に立たされてしまう。成績優秀な子だけがギムナジウムを経てユニバーシティーへと進むことになる。このユニバーシティーがまた変わっていて、何年在学していてもよろしいようで、学費は国が負担しその間彼らはアルバイトをしたり外国に出掛けたりして長い大学生活をエンジョイしている。

さっさと卒業しても「おい、それ」と目指す職業に在りつけるわけでもないので、自分の専門分野に沿った会社を見つけては研修生として受け入れてもらっている。このような人たちを「インターン生」とは呼ばないで、「トレニー」と呼んでいる。「トレニー」たちは若くて、ハンサムで、インテリジェントで、安月給ではあるがネクタイ・スーツをりゅうと着こなして颯爽と出社していく。溢れんばかりのエナジーを発散させながら期待に胸膨らませた分いくらか持て余し気味で、新しい場をもとめて、週末には東京へと繰りだし、言葉の分かる人たちの集う新宿・渋谷・六本木あたりをさまよい歩く。しかし当たり前にしていたのでは安月給はすぐに底をつくので、最初のうちは用心してなかなか金は使わない。東京駅までの電車賃は仕方がないとしても、あとは歩き、歩き、歩きの一手である。

東京タワー、後楽園、ディズニーランドなど料金の高いところは周りから観るだけで中には入らない。国立博物館、皇居、明治神宮などと、前もって行く先をインターネットで調べあげてから、その通り行動する。彼らは概して健脚であるが、中でもヨングの足は最たるものであった。私のうちにいるときには赤・青・白と三色カラーの水着のような派手派手コスチュームに着替えて、ジョギングをする。このあたりで大きいレースが催されると、日時が合えば参加している。稲毛運動公園であったときには私も応援に行って、初めてマラソン人口の多さに驚いた。ヨングのマラソンレース仲間とも友だちになることができて楽しかったのだが、とにかく彼は活動的な人なのである。

彼のエネルギーは一体どこから湧いてくるのだろうか？彼の食事は一風変わっていて肉はほとんど食べない。ソーセージ・ハムも召し上がらないでもっぱら野菜なのである。朝晩、サラダとオレンジジュース・果物には目がなく、毎日バナナを所望する。私にとっては都合がよいお客様なのであるが、「蛋白質も取らなけりゃ駄目よ」と言うと、「ランチのときは、時々刺身を食べているから大丈夫」と言って、回転寿司とビールが一番のご馳走である。もう一人のドイツ人マルクスも肉は食べなかった。ヨングのガールフレンドのスサンナは魚は少し食べるが、肉類はちょっと混ざっていただけでも食べないというベジタリアンである。ヨーロッパの若い層は、特に肉類を食べることによって起きる腔蹄病・狂牛病などの人間への感染を恐れているのではないかと思われた。週末は金曜日の夕方から東京へ出掛けて、日曜日の夜遅くに帰宅するようになった。

「どこに泊まったの?」と聞くと、

「歌舞伎町のダンスバーが四時までオープンしているのでそこでねばる。店が閉まったら代々木公園のベンチで眠る。ベンチが満員で仕方がないときは芝の上に寝る」と言う。

「この間は雨が降ったので広い駐車場のような所を見付けて寝ていたら朝、気が付いたときには大勢の人が集まっていてエアロビクスをしていた。ビックリして早々に退散した」というのだが、エアロビクスというのはラジオ体操のことだろうと思う。ヨング君は私相手に何でもしゃべってくれるし、若い人の話はなかなか面白い。

日本語は分からない。もちろん字も読めないのに、元気いっぱいヨング君は東京へ、横浜へ、鎌倉へとカメラ片手に歩き回っている。しかし、たった一人よりも連れがいたほうが心強いらしく、同じ会社のトレニーであるクリスチナという女の子といっしょに行くようになった。クリスチナにはドイツ人のボーイフレンドがいて、最初は三人で行っていたが、ボーイフレンドの休暇が終わってドイツに帰ってしまってからは、二人で出掛けて行くようになった。

「ヨングさんの早足についていけるような女はあまりいないんじゃない?」と言うと、

「クリスチナは大丈夫。かえってボーイフレンドのほうが愚図でのろまで駄目なのさ。あのカップルは長くは続かないよ」と言っている。

「あれあれ、よいのかしら?」と心配をしているうちに、クリスチナも研修期間が終わって心を残しながらも、ドイツに帰って行ってしまった。

次にヨングに誘われたのは、ミサトーという中学校に語学指導助手として来日している女の子で、ミサトーもまんざらでもない様子だった。ミサトーはクリスチナのようには早く歩けないようだったが、ヨング君はなかなか親切に彼女に接していた。私たちの一体、どうなっているのかしら? との懸念をよそにヨングがポロッと言った。

「ミサトーはニューヨークに住んでいる。ニューヨークに行ったとき、ミサトーに案内してもらいたいので大切な人だからー」と抜け抜けと言うので、思わず噴き出してしまった。

七月に入ってドイツから妹のルースがやってきた。彼は東京のあちこちを連れて回り、二人で京都・奈良と旅行した。夜行バスの往復で、ユースホステルに泊まる。観光バスなんてとんでもない。

「京都は狭いから」と言って歩きに歩くのである。それでも元気な二人は「ワンダフル」を連発する。ルースはヨングの隣の部屋に滞在し、ヨングの仕事の日には一人で東京や横浜を散策して、二週間の休暇を楽しんで帰って行った。

マルクス君という二十二歳の青年が途中からうちへ泊まることになった。ヨング君は二十五歳、先輩ぶってよく面倒をみるし、二人はすぐ仲良しになった。マルクス君はすらりとした長身で、大きい目、濃い眉毛、カールした黒髪にカラー懸かった肌色が何ともエキゾチックでなかなかのハンサムである。この人の部屋の中は驚いた。持参したインド更紗の美しい大きな布を部屋一面に張りめぐらして、異様な雰囲気である。ヨングに尋ねると、「ジヤスト　ヒズ　ホビイ」で片付けられて、それ以上は不明である。彼の兄嫁さんがインドからなので、その影響かもしれないと言っているが、彼はこの薄暗い部屋で音楽を聞きながらビールを飲むのが好きである。

ヨングとマルクスは連休が続いたある日、会社からデッカイ六五〇ＣＣものモーターバイクを借りてきて、岐阜の高山へと勇んで出掛けた。寝袋、食料、飲料など用意万端整えて「へーイ　ウイ　ウイル　ゴウ　バイバイ」と嬉々として出発した。二人の雄姿をカメラに収めた。

これで当分帰ってこないから、こちらも何となくゆっくりとして過ごしていたのに、二日目にはヨングがベッドに寝ているではないか。

さてはこの暑さで日射病にでもかかったのかと思い、アイスノンを当ててあげると、彼は包帯で巻いた右腕を見せた。バイクが倒れて肘を骨折したのだと言う。松本城を見て公園で倒れ、救急車で病院へ運ばれたそうだ。レントゲンの結果、骨折は軽いものだということでしきりに「大したことはない」を連発するが、腕が動かないように固定したあるコルセットが痛々しい。

バイクは近くのディーラーさんが取りにきてくれて、マルクスがよく助けてくれたそうだ。マルクスはその後、独りで高山へ向かったということで、まあこのくらいの怪我ですんでよかったものの、感心するのはヨングが決して泣き言を言わないことである。嫌なこと、苦しいことも多々あったろうに愚痴や不満の言葉は聞いたことがない。いつも明るく得意の饒舌で私たちを笑わせてくれる。若冠二十五歳のこの青年には学ぶところが多かった。

ヨングは近くの病院に通い、傷も次第に癒えてくると、持ち前の勝ち気から、じっとはしていず、右手だけを振ってマラソンをしたり、香澄の夏祭にはマルクスと一緒にこれまた右手だけでお御輿を担いだ。ガールフレンドのスザンナが予定を少し早めてやってくることになった。

ヨング君はさすがに嬉しそうにその日のくるのを指折り数えて待っている。当日、彼は休みをとってバラの花を買って空港に迎えに出た。妹のときには私が京成津田沼駅まで迎えに行ったのと大違いである。彼女に捧げたバラの花はたった一輪だけれど、なんとヨーロッパ的でロマンチックではないか。

スサンナは可愛い少女でヨングによく従っていた。東京見物は興奮していた。八月の盆休みにかけて長い休暇を取り、二人は二週間の予定で北海道に旅行した。スサンナはヨングに言われて、ドイツから寝袋とテントを持参した。二人は一メートル以上もあると思われるような大きなリュックを背負って出発した。あいにく札幌に着いた日から雨が降り、二日間は民宿に泊まったが、後は全部キャンプだったと言う。北海道の自然はすばらしかった。電車に乗ると、車両が一両だけでお客は自分たちだけだったのは面白かったけど、運賃が高く、英語が話せる人がいなくて困ったとも言っている。大雪山・雌阿寒岳・雄阿寒岳・摩周湖・網走・下北半島までせっせと回って、途中で山登りも楽しんで、熊に会えなかったのが残念だったそうで熊避けのベルをお土産に持ってきた。

マルクスもヨングのまねをしてドイツからガールフレンドを呼び寄せ、ヨングたちに一週間遅れて北海道に旅立った。彼らは一台のバイクに二人乗りで、大洗の港から苫小牧までフェリーを使った。私たちの年齢では、およそ考え付かないことである。北海道の広野をバイクで飛ばすなんて、なんとイカスことだろう。でも彼らにもついていないこともあって、台風のために足止めに合い、二日遅れで帰ってきたのだ。

「台風で海が荒れたでしょう」と言うと、「船酔いの人もたくさんいたが、僕たちは大丈夫だったよ」とケロリとしている。マルクス君は二日間余計に働いて帰って行った。

楽しかった夏も過ぎて、長かったヨングの研修期間も終わった九月の中頃、彼は最後の仕上げにと九州旅行に出掛けた。長崎から始まって、福岡・熊本・鹿児島・宮崎と回って、別府の湯に浸かり、由布岳と九重山に登り、四国は松山・高知をめぐって高松から本州に渡り、広島の私の友だちの家に休んだ。

みんなに親切にしてもらい、宮島を楽しんで、姫路城・大阪城に立ち寄ってから、十月に行われる千住大橋でのマラソンレースに間に合わせて帰ってきた。

日本での数々の思い出を自分のホームページに編集するのも楽しみの一つらしい。彼は日本に来る前の年に南米のペルー、アルゼンチンで山登りし、その前の年にはアフリカに行っている。南米は食物が芋ばかりで困ったこと、最近アフリカのマリーの友だちからメールが入っていてとても嬉しかったことなど話してくれる。

うちにホームステイした人の中では、ヨングさんが一番面白かった。毎日何かしら変わったことがあって、私もいつの間にかエキサイテングしていたようだ。

先日、ドイツのヨングから電話がかかってきた。今は大学でお勉強している。お勉強のほうはあまり得意ではないらしく、日本のことをなつかしんで、「またいつか日本に行って武田さんのうちへ泊まりたい。シィー　ユー　アゲイン」と言ってくれたので嬉しかった。

私のラビット君。また来て頂戴、スサンナといっしょに。

（『習志野ペン』55号掲載、平成十三年十二月十五日刊行）

七十七歳の不覚・ＳＡＲＳ？

「アメリカ三都市周遊　五万七千円　有効一ヶ月」

「よし。これで行こう」

　イラク戦争がいつ勃発するか分からない二〇〇三年二月下旬、私は、新聞に大きく出たＨＩＳの広告をじっとにらんで決断した。かねてから「もう一度ゆっくりと楽しみたい」と夢見ていた「ラスベガス」と、これも十五年前に息子に招待されて行ったことのある「ヒューストン」の、うちにホームステイしていたブンさんの家に、今度は行ってみたいと思った。それと「ワシントンＤＣ」の近くに住むスーザンの家。この三か所をターゲットに、私の足の工合も少しずつ快方に向かっているし、この格安なチケットを見逃すことはできなかった。

　最初、一人で行くつもりだったけど、近所に住む二十八歳の坊やが「是非、一緒に連れて行って欲しい」というので、「ヒューストン」までは同一行動で、その後、彼は「ニューヨーク」へ、私は「ワシントンＤＣ」へと別れることにした。「ヒューストン」に住むブンさんは、二人の共通の知人でもあった。出発の日時、三か所の日程、帰路の日時、ホテルの予約など、馴れない仕事をあれこれ考え直したりしているうちに一、二週間は過ぎてしまって、いよいよ出発の三月四日となった。


成田発→サンフランシスコ→ラスベガス。四泊三日。

ラスベガス発→デンバー経由→ヒューストン。四泊三日。

ヒューストン発→シカゴ経由→ワシントン。五泊四日。

ワシントン発→シカゴ経由→成田着。三月二十日。

　格安チケットは直通ではなく、サンフランシスコ、デンバー、シカゴなどを経由しつつ時間と距離を伸ばしてあり、何度も乗り換えなければならない。荷物を預けてしまうと、その度に荷物受け取りに時間がかかり、万一出て来なかったときは大変である。スーツケースはできるだけ小型のものにして座席の下に入れるか棚の上にあげるようにして、一切預けなかった。

×　×　×

「ラスベガス」は面白かった。さすがに世界一のギャンブルの町。マシンの数には圧倒された。ホテルのフロアにはスロットマシンがぎっしり詰まっていて、トイレを出たすぐの廊下にまでも置いてあるのだ。中程にはポーカーやブラックジャックなどの大型カードゲームが位置し、人々は狭くなった通路を左右に気を配りながら進み、あるいは立ち止まり、気が向けば椅子に座って何がしかのドルを賭けている。

　超短いショートスカートを穿く女性たちが、お盆の上に水の入ったグラスを捧げて客のオーダーに応じている。この水はフリーだった。時折、「当たり」を告げる豪快なミュージックと、極彩色の煌びやかなネオンが人々の射倖心をくすぐっている。私も一回だけ挑戦したが、十ドルが一秒間で消えてしまったので、もう止めた。うちの坊やは本を読んでお勉強して来ただけあって、勝ったり負けたり結構楽しんでいる。

三月といえどもベガスの昼間は暑い。私たちは毎日夕方頃から出動し、彼はホテルからホテルへとギャンブル巡り。私はもっぱらショー専門で、一晩に二つか三つのショーをこなし、ご帰還は一時過ぎとなる。彼の方は、明け方に帰ってくる。ホテルも安い便利な所へ変更したし、市バスの乗り方も覚えたが、こんな所にいると、お金はすぐになくなってしまう。月曜日の朝、空港は遊びつかれて帰途に着く人々で満ち溢れ、長蛇の列は千人を越えていた。

× × ×

ヒューストン国際空港には、ブンさんのお母さんが迎えに来てくれていた。ブンさんの家は、ヒューストン郊外のホートンという田舎町だが、その遠かったことには驚いた。空港を出て二時間くらいで、この頃から交通は渋滞し、ヒューストンの中心地ダウンタウンが見えて来た。ヒューストンの中心地ダウン線ずつのハイウエイは、車でいっぱいだった。夕方六時頃、市の中心部を出て家路へ向かう人の車は、幸いにも私たちの対向車線だったけれど当然のように動けないでいる。まさに壮観、日本のトラフィックとは較べものにならない自動車の量であった。道路の長さ、土地の広さは日本に居ては想像できない事実である。

翌日は「ナサ」へ、翌々日は「アラモの砦」へと連れて行ってもらった。毎日、朝早くから車に乗って片道三、四時間、家に着くのはトップリ日が暮れてからだった。三日目はもう車に乗りたくなかったけれど、比較的近所の誰々さんの家、誰かさんの家と三、四軒連れて行かれて、すっかりくたびれてしまった。坊やも風邪ぐすりを貰っている。

最後の夜は、一人で空港近くのホテルに泊まることにした。「ヒューストン」に入るときの渋滞を見ていたので、ここは安全策をとることにした。ブンさんのお母さんは、「朝五時に出発するから大丈夫よ」と言ってくれたけど、ホテルデイズインを予約して貰った。格安チケットは、遅れたらキャンセルは利かないのである。

ホテルの部屋は広くて快適だと思ったのだが、冷房機が回っていた。ブンさんの家は田舎だからまだ必要なかったのに、ここでは三月というのにエアコンディションが作動している。この夜から咳がしきりに出るようになった。

× × ×

「ワシントン」のレーガン空港には、マイク、スーザン、マリアの三人が迎えに来てくれていた。念のため事前に電話を入れたら、「心配ないよ。家族そろって迎えに行くから」との返事。なんでまた大仰な全員で来るなんて……と訝しんでいたら、その理由は後で分かった。

もうすっかり復旧しているペンタゴンを左に見て、ワシントンDCのスクエアタワーやキャピタルの丸い屋根が見えてくる頃、不思議なことに気がついた。ここでも例外なく夕方のトラフィックに出食わしたが、同方向に向かうハイウエイ四車線が二車線ずつに区分されて真ん中に壁があり、車線変更はできないようになっている。しかも私たちのレーンは比較的スムーズに動いているのだが、隣のレーンは渋滞甚だしくちっとも進まないのだ。

わけを聞くと、「こちらは三人以上乗っている車。他方は三人に満たない車で、通勤者は一定の場所に待っていると拾ってくれる」ということ。道理で三人で迎えに来てくれたわけだ。その後もこの家では子供と老人は、たびたび車に乗せられることになる。

折角、連れて来て貰ったのに、私は咳が止まらない。家族は「明日はどこに行こうか？　水族館？　ウィリアムズバーグ？」などと相談してくれているが、私はどこにも行きたくない。結局、母親の「スーザンの家」と決まって私はほっとしたが、翌朝早く車に乗せられてから優に五時間はかかって、ペンシルバニアの彼女の家に着いた。夕方早くにスーザンの友だちが来てレストランへ連れて行ってくれたが、私は何も欲しくない。その夜、急に悪寒がして、毛布を手当たり次第被り、明け方発熱して毛布ははねのける始末だった。

私は抗生物質の薬を要求したが、それは「ドクターの指示がないと買えない」ということで、アメリカ人の常備薬であるアスピリンで我慢した。私は「ここスーザンの家に泊まっていたい」と頼んだが、「ここは田舎でよい病院もないから連れて帰る」と言われた。また五時間辛抱しなければならなかった。

夕方、スーザンの次女から電話が入り、「アジアで新型インフルエンザが流行して大変だと、今テレビで見た。救急車を呼んだ方がよいのではないか？」との進言である。あいにく、土、日が続いていたし、私の熱も一回限りで治りアスピリンでだましだまして、どうにか三日間を過ごした。まだ咳は止まらなかったが、やっと帰る日が来て嬉しかった。

「飛行機の中で咳込んだら、どうしよう？」、これが一番の不安であった。親切なスチュワーデスに見つかって、特別扱いを受けた揚句、成田では病院行き‼　これは最悪のケースである。ところが戦々恐々としていた私の心配とは裏腹に咳は全然出なかったのだ。

呼吸は楽で快適。勿論熱も痰も出ない。不思議だった。機内のエアコンディションは特別で酸素が多く放出されているのかと思った。私だけでなく他にも咳込む人はいなかった。

「酸素が放出されているのではないか？」と日本に帰ってから隣家のパイロットさんに聞くと、

「そんなことはない」と笑われた。

「しかし空気はしっかり回っていますよ」と言われた。

助かった。毎日々々何時間も乗らねばならなかった自動車の中。それにアメリカ人の家は気密性に富んでいて、あの人たちは滅多に窓を開けないのだ。

帰ってから近くの医者に行って抗生物質の薬を貰い、レントゲンも異状なくて三日で薬は止めたが、イラク戦争の終わるまで、毎日テレビを見て過ごした。

新型肺炎のニューズが流れてくる度に「ひょっとして私もＳＡＲＳでは？」と思ったりするが、現時点ではまだ誰も確定することはできない。

マイクからメールが届いた。

「マイクとスーザンとカヨ子が咳をし始めた。あなたのその後の症状を知らせて欲しい」と。

ああやっぱり!!　悪かったけどどうしようもない。自分の病状をくわしくメールで送り、十日ほど経ってから恐る恐る電話を入れたら「もうみんな快復した」とのことで本当にホットした。

（『習志野ペン』61号に掲載、平成十五年六月十五日刊行）

▲NASA（ナサ）の全景。

▼ラスベガスにおける筆者。

リサとリンダの物語（一）

リサとリンダは双生児である。二人の愛らしいベビーは籠の中に入れられて、ソウル南大門の市場近くの小道の傍に置き去りにされていた。幸運にも彼女たちは、福祉施設の手を経て、とある米国人篤志家の養女として育てられることになった。育ての親であるアラバマ大学の教授夫妻は敬虔なクリスチャンで、この二人の養女の他にも二人の実子と一人の養子があり、合計五人の子供たちを育てあげた。リサたちが末っ子である。

お蔭さまでリサとリンダは、両親をはじめ周囲の人たちからも十分愛されて美しい利発な娘に成長し、今年で二十五歳の誕生日を迎えた。リサは大学で教育関係の資格を得たため、英語補助教員（ＡＬＴ）として習志野市の中学校に勤めることができた。リンダは公立ではないが、大手のイングリッシュスクールに教員として夫のジョンと共に勤務している。

彼女たちの不思議な生い立ちについては、私も語るべきではなかったのではないか、伏せておくべきではなかったかとずいぶん迷ったが、リサがある発表会の席上で自分自身のことを紹介するときに公表したので、それならば私がこのことについて書いても許されるのではないかと思った次第である。これが日本人であったならば、このような出生の秘密は当然隠しておくべきであると考えるであろうが、アメリカ人は違った。心が広いというのか、いろいろな人種の混じりあった国では隠していてもすぐに分かることであったりしてか、意外にアッケラカンである。日本の家庭では滅多に見られないこの事実にも感激したが、リサが人前で発表したのにはなお驚いてしまった。

リサとリンダは一卵性らしく背丈・容貌もそっくりで、知らない人からは時々間違われる。あるときリンダがリサの住む教職員宿舎に泊まった。十時ごろ家を出たところを教育委員会の先生に出会ったらしい。先生は、

「なぜこんな時間にリサが一人で家にいるのだろう？　リサは中学校で教えている筈だが――　身体の具合でも悪かったのではないか？」

心配になった先生は、中学校に電話をかけた。

「リサは学校を休んでいますか？」

「いいえ、リサは授業に出ていますよ」

「はてさて不思議？　僕は確かにリサを見たのに――　リサは本当に教室に居るんですか？」

と念を押されたという話が残っている。

いかにそっくりで、いかに仲がよくても二人は別人である。それぞれに違ったパーソナリティを持ち、お互いに相手を意識して、張り合ったり、助け合ったり、競争したりして生きてきたのだと思う。その最たるものは彼女たちの結婚であった。リサに比べてリンダのほうがやや社交的で誰にでもすぐ親切に対応する特性を備えている。大学のと

き知り合ったジョンと一年前に結婚した。ジョンは白人で一メートル八十センチもありなかなかの好男子である。一方リンダはと言えば一メートル五十センチと小柄な東洋人で、ジョンと向かい合うときには大人と子供のように見える。二人の仲は睦まじく、ジョンは日本での英語教師の職が気に入っているらしくアメリカに帰ったら家を買うつもりでいる。

一方リサも、リンダに負けじと白人の男性を結婚相手に獲得することができた。リサは彼から貰ったダイヤのエンゲージリングを、誰かれとなく見せびらかして自慢した。彼氏はリサが日本に来る前、同じラジオ局に勤めていたバトラーで、かなりのインテリジェントな白人ジャーナリストである。六月にはバトラーがリサを尋ねて日本にやって来た。私たちも会うことができたが、これまたなかなかの好青年である。リサはバトラーが、

「アイ　キャント　リービング　ウイズ　アウト　ユウ」と言って来るのだと、私たちにのろける。

リサの結婚式は二千一年十二月一日ということで、私たちも出席することになった。私たちはタスカルーサでの結婚式とニューオリンス、アトランタ、メンフイスの四都市訪問を計画に入れて、九月に入るとすぐ旅行会社を訪れ契約をかわした。

ところがである。「好事魔多し」とはこのことか――突如アメリカで世界中を震撼させるテロ事件・世界貿易センタービル爆破事件が起こった。あの忌まわしい悪夢のような出来事、セプテンバー・イレブンは世界の人々を毎日毎日テレビの前に釘づけにした。第二、第三のテロが起こる可能性は十分にあった。人々は旅行を取り止め、飛行機に乗らなくなった。習志野市の姉妹都市であるタスカルーサ市から市長さんを始めとする訪問団の来日が予定されていたが、取り止めになった。こちらからも訪米しようと参加者を募集していたのもキャンセルとなった。私たち結婚式組も毎日のニュースに一喜一憂し、悩みに悩んだ挙句、四人うちの一人は行くのを中止した。情況が少し落ち着いたかに見えた頃、炭素菌事件が追い討ちをかけてきた。

いよいよ決断しなければならない時期を迎えた十一月の半ば、決定するかどうかはまき江さんと私に掛かっている。

「どうします？　決断はあなたに任せるわ」と私はまき江さんに尋ねた。

「行きましょうよ。アメリカの結婚式は初めてですもの」とまき江さんは答えた。さすが彼女は若い。感心した私はただちにもう一人のキミ子さんに連絡し三人は準備を整えた。

範囲は前より縮小して、タスカルーサとニューオリンズの二都市だけとし、四日ずつの八日間の日程で組んで貰った。チケット代は往復で一人七万円。宿泊費はタスカルーサはホームステイなのでお土産だけでよく、ニューオリンズの三泊は三人一部屋で一泊一万円とずいぶん安くあがった。ホテルの予約はリンダが私のコンピューターでやってくれた。

（『習志野ペン』56号掲載、平成十四年三月十五日刊行）

リサとリンダの物語（二）
～リサの結婚式～

二〇〇一年十一月三十日、友人のキミ子、まき江、私の三人は、アラバマ州「バーミングハム」の空港に着いた。リンダの夫ジョンが出迎えに来てくれていて、目指す「タスカルーサ市」まで約五十分。途中ドシャブリの雨に遭い、雷まで轟く中を無事にホームステイ先の「サンダーさん宅」に着くことができた。サンダーさん宅というのは、それはそれは立派な豪邸であった。

広さ・美しさ・ロケイションなど申し分なく、案内された私たちは目を見張るばかりであった。私に当てがわれたベッドルームは「キングの部屋」と呼ばれて、ブルーと白のツートンカラーで統一された広い部屋に、金色に輝く装飾が巨大なベッドの周りや、大理石のバスルーム、洗面台など至る所に施され、豪華な鏡とシャンデリアが輝く素晴らしい部屋だった。キミ子さんの部屋は、赤と緑の花柄模様でデザインされ、壁紙のセンスは抜群、思わず溜め息が出るほどで「レディの部屋」と呼ばれている。一番若いまき江さん……と言っても皆五十歳はとっくに過ぎているのだが、ここはピンクとレースで飾られた「プリンセスの部屋」。昔、博物館で見た初代大統領ワシントンのベッドのように、この中では一番腰高であり、やや小型、天井からはベッドを取り囲むように美しい布が垂れ下がり、リボンとバラの花でデコレートされた可愛らしい部屋は、一目見ただけで誰もが感激してしまう。

この家には独立したベッドルームが七つもあって、上下階にそれぞれ広いダイニングルームとキッチンがあり、夫婦たった二人だけで住んでいるのに、両方のダイニングルームでは、巨大なクリスマスツリーがちょうど飾りつけの最中であった。私たちもそれを手伝ったり、日本から持参したお土産の茶碗で抹茶を立てて差し上げたりして喜んで貰った。アメリカでは何度もホームステイさせて貰っている私にも、こんなに美しい家は初めてだったし、何よりもホストたちのやさしいもてなしに嬉しくなった。

ご主人のミスター・サンダー氏は、ニューヨークで製薬会社に勤務し、リタイア後もセールスの分野で仕事をされていて、ここタスカルーサに移られてからまだあまり永くないという温厚な方で、ご夫妻には長男・長女の実子の他に韓国人の養女を迎えておられる。長男はドクターで台湾の女性と結婚して台北に住み、長女はタスカルーサ市内で時どき油絵の個展を開いたりしていて、市内の画商の店には彼女の作品も飾られていた。道理でサンダー家の室内装飾のセンスが抜群な理由が分かった。

リンダが日本に住んでいたとき、私たちのイングリッシュクラス「ビギン」で、「アメリカの結婚式」というタイトルのスピーチをした。話を聞いたときには、ただ漠然と「日本とは大分違うらしいな」と思っていたが、実際に体験することになった今、日米の違いは大きく鮮明に私たちの脳裏にやきつくことになった。

まず結婚式の前夜には重要なパーティがあった。双方の両親、兄弟姉妹、親戚、親しい友人など四十名ぐらいの出席で、私たちも「はるばる日本から来た友人」ということで招待された。

人々は華やかなドレスで着飾って来るのではなく、新しく出発する二人のために親しみを込めてお互いに理解しようとする真摯なもので、私はいたく感銘を受けた。それぞれが自己紹介の後、短いスピーチをする形であったが、リサたちの母親セーリーの話には、全員が感動した。

自身も教育者として現場で働きながら、あまり年齢の違わない三人の子どもたちと同様に、リサとリンダの双生児を赤子のときから慈しんで育て上げたということは、まさに神業に近い。

いよいよ最後の子どものリサの結婚式である。セーリーは、「二人の小さな小さなベビーを抱きあげたときの思い出から、いろいろ苦労も多かったけれど、やっとこの嬉しい日を迎えることができて、家族や皆に感謝している」という感慨深いもの内容を話し、聞いている人々も思わず涙し、話している彼女自身も泣いていた。

リサがそれに応えて、「ここまで育てて頂いてありがとう」のスピーチをすると、またみんなが涙した。素晴らしいパーティであった。

翌日。十二月一日。いよいよ結婚式の当日である。

式は近くの教会で行われた。受付には中世の貴婦人のように、ウエストを締め上げて裾の膨らむギャザースカートの女性たちが迎えてくれて、記名の後パンフレットのようなものを貰って中に入る。教会の中は広くて祭壇に向かって長椅子が何列にも並び、私たちも座って待っていると、タスカルーサ市から習志野市へ訪問団が訪れる度に同行される教育委員会のバイロンさんの姿が見えたので、しばらく話し込んでいるうちに式は始まった。

パイプオルガンのミュージックが流れると型どおり、ブーケを手に持った可愛らしい二人の少女が現われ、次に純白のウェディングドレスにヴェールを被ったリサが、父親のブルーエット教授に手をとられて入場する。中央祭壇前まで進むと父親は娘を花婿のバトラーの手に渡す。渡したくない気持ちをいっぱいに込めている。

立派な体格の牧師さんが二人に「誓いの言葉」を交わさせ、指輪を交換させる。二人は抱擁して愛を誓う。牧師さんのスピーチもシンプルで分かり易いもので、この後、全員でミサを謳い式は終わった。人々は互いに祝福の言葉を交わしながら次の会場へと向かって行った。

ウェディングパーティはシティホールで行われた。公会堂といった感じの古い建物で、広いホールと応接間はあるがお店もドリンクマシンも何もない所で、すべては自分たちで運び込む。披露宴は最初からダンスパーティであった。日本のように司会者そのほかお偉方の長ったらしい挨拶などサラサラない。勿論、定められた席もない。人々はあちこちの椅子に座って自分で食べ物や飲み物を調達してくる。

別にとり立ててご馳走ということもないが、二百人くらいのサンドイッチだとかハンバーグだとかは十分に用意されている。

最初のダンスは勿論、花嫁と花婿。盛大な拍手とカメラのフラッシュを浴びて踊りが終わり引き下がると、次は花嫁と花婿の父親、花婿と花嫁の母親が組んで踊る。その後は親戚、知人、友人などがそれぞれ顔見知りを見つけては踊っていく。

途中でケーキを切るシーンがあり、またカメラマンたちが殺到する。もっとも印象に残っているのは、花嫁の兄ラーリーで、彼はブルーエット家の長男であるが、ミュージシャンを目指してアトランタに一人で住んでいる三十五歳の独身貴族。母親のセーリーとダンスを踊っているシーンだった。日本の息子たちは誰が母親と手を組んで踊ってくれるだろうか?

このことは私たち日本人の心を、いたく刺激した。抱擁もまた然り。何かと言えばハッグし合うアチラの習慣に羨ましさを感じているのは、私だけではないだろう。しかし映画で見るような長い長い熱烈なキスシーンは実際にはあまりお目にかかれなかった。唇と唇を重ねるラヴシーンは、一般的にブライベートな時間にだけ行なわれるのだろう。

面白かったのはサンダー夫人で、この方は「一度もダンスの経験がないから……」と言って絶対に立とうとしないのを、私たちの友人のキミ子がなだめすかして、キミ子自身もダンスなんておよそ縁のなかった教員退職者であり、英語も全くよくできるわけでもないのに、天性の明るさと社交術で押しまくり、遂に彼女を立たせてしまった。

「周囲が皆エキサイティングしているのに自分だけポツンとしていても仕方がない」とやっと夫人に覚悟を決めさせて「スキーには毎年行くけれどダンスは……」とまだ渋っているのにいつの間にかキミ子に掴えられて、騒ぎながら二人でダンスらしきものをやっている。さすが「我が友」と改めて彼女の特性に感心した。

花婿の母親も上品で美しかったが、祖母という人がまた美しく若々しくて驚かされた。赤い花模様の派手なドレスを見事に着こなして、誰とでもすぐにうちとけておしゃべりする様子は、どう見ても四十代に見えて眩しかった。

花婿バトラーの父親は退職公務員で、教育長などの要職を勤め上げた温厚な紳士で、バトラーともどもハンサムでインテリジェントである。長男の嫁に東洋系の人を迎えても、今のところまったく差別の匂いは感じられなかった。

結婚生活は見かけより心と心で築き上げるもの。ルックスを上回る思いやりの心で、お互いに初心を忘れずにこれからの長い道のりを助け合って乗り越えて行って欲しいものである。皆が見守っているよ。リサ。

この後、花嫁の「ガーター投げ」などがあって、楽しかったパーティは終わった。


(『習志野ペン』62号掲載、平成十五年九月十五日刊行)

リサとリンダの物語（二）

私たち三人（キミ子・まき江）と、習志野市国際交流協会でボランティアとして役員をやって下さっている山崎美智代さんと四人の日本女性は、アラバマ州タスカルーサ市役所に市長のデュポンス・ガイブス氏を表敬訪問した。

市長デュポント氏はすでに三回も習志野市を訪問されており、そのたびに私もお目にかかって何らかの形でおもてなしに参加していたので彼は私を覚えて下さっている。今回はお土産としてセコンドハンドながら日本の着物「打ち掛け」を持参した。

リサの結婚式の翌日（月曜日）にアポイントメントができていて、私達は市庁舎の応接室に通された。毎年のようにアラバマ大学の学生を連れて習志野市へ来られる教育委員会のバイロンさんも出席されて、私たちはつたない英語を駆使して一生懸命おしゃべりをした。幸いにも山崎さんの英語はすばらしいのでどうにか会話はスムーズに進行したようだった。新聞社からもリポーターとカメラマンがやって来ていてインタビューを受けた。

その数日後、タスカルーサ紙の新聞一面をほとんど使って、デュポント市長と私たちの会見の様子が報じられ、「フレンドシップのかけ橋」と題されて、日本から来た四人の女性と市長さんがカラー写真でデカデカと写り、とりわけ表情の豊かなキミ子がここでも得をして特別特大にクローズアップされて、市長からタスカルーサのお土産を貰っているシーンがステキに写っている。彼女にとってもまたとないラッキーチャンスであったろうし、私たちもまた嬉しく光栄であった。アメリカでは日本と違って、特に地方新聞では、何でもないことを大きく取り上げて報道されることが珍しくないのである、ちなみに。

この年二〇〇一年五月、私はミシガン州の北にある町「アルペーナ」という所を尋ねた。シニアーズ・アブロードのメンバーの一人であるミセス・グリースの家へ一週間お世話になったときにも、彼女が新聞社に電話したので、女性記者とカメラマンがやって来てインタビューを受けた。いろいろ質問されて数日後、これまた大きく一ページの半分ぐらいあるスペースをとって、「日本からの友好使節」というタイトルで、私が彼女にプレゼントの羽織を着せかけている写真が掲載された。アルペーナは一応「市」ではあるが、ここでの写真はモノクロであった。この年は二回もアメリカの新聞に写真入りで報道されて「アチラでは一躍有名になったのでは？」と友だちにひやかされたりしている。

さて私たちはジョンやサンダー氏の案内で、タスカルーサの町並みやアラバマ大学あたりを散策し、大学近くのコーヒー店に屯していると、プロフェッサー・ミスター・ブルーエット氏（リサとリンダの父親）がやって来た。彼はいつもここを利用しているということであった。店はドイツ人の経営で、ドイツの女子学生も二、三人いた。近くにベンツの工場ができたせいで、ドイツ人もかなり住んでいるらしい。日本人の数はとても少ないということであったが、道路を隔てた向かいのレストランの看板には、大きな字で横に「べんとう」と書いてある。どんな弁当を売っているのか知りたかったが、とにかく「ライス」だと言う。世界のカルチャーがミックスしていく光景を、目の当たりにして大変面白かった。

新婚旅行に出かけたリサとバトラー。後片づけで忙しいリンダたちを後にして、私たちはジョンにバーミングハムの空港まで送って貰い、タスカルーサ市を離れた。リサは私たちに精一杯のお土産を持たせたので荷物は一向に軽くならず、やがてニューオリンズの空港に着陸した。三人とも誰も知人もいない初めての町なのでワクワク・ドキドキ。期待感で胸は膨らんでいた。

予約したホテルは、格安のうえ町の中にあってどこへ行くにも便利であった。私たちは早速その夜、町へと繰り出した。かの有名なバーボンストリートまでは歩いて約十分ばかり。近づくに従って遠くから聞こえてくるサックスの音色に引き寄せられるように、人々の足はバーボンへと向かう。夕暮れ時から明け方まで、通りはミュージックで喧騒をきわめる。人の話し声も聞きとれないくらいの音量で、ミュージシャンたちのすさまじい肺活量に圧倒されてしまう。

通りは四、五軒の土産物店が続いたかと思うとミュージックバーが現われ、また五、六軒の同じような土産物屋とバーという風に、これが交互に果てしなく続いて行く。その間には、映画館、ストリップショーの店、ゲイバーのサインである虹色のフラッグをこれ見よがしに掲げた店もある。

ここに来たことのある人なら誰でも覚えているというある店のユニークなストリップショーの看板は、二階のベランダからブランコに座った等身大のストリップガールの人形が、振り子のように通りに向かって出たり入ったりして、通行する人はいやでもその人形の美しい脚の裏側と豊満なお尻を下から見上げるようになっているのだった。この突拍子もないアイデアは、思わず皆を喜ばせてしまう。アメリカならではの自由な発想がまかり通っている。

有名なミュージシャンたちが集まる楽団が演奏するバーには、開店前から客が列を作って並んでいる。かと思えば、楽団も組めずにステージで演奏できないでいる人たちは、一人で道端に賽銭箱をおいてトランペットやサキソホーン、たまにはトロンボーンなども独奏している。

私が入った土産物屋の老店員は、この地方には珍しく日本語のできる人で、「横浜に住んでいた」とか「銀座、渋谷、東京はよかった」などとしきりに話しかけてはサービスに努め、揚句の果てには、「今から二人だけでデートしましょう」と積極的に押して来る。危ない。危ない。ここでは七十歳をとうに過ぎた爺様までが色気たっぷりで観光客を誘惑する。

翌日は名物の蒸気船に乗ってミシシッピー川を遊覧した。船内から流れてくる流暢な、どこかスローで抑揚のある南部英語での説明が聞きとれなくて、「オンザ　ライト……」と言えば右を向き、「レフト」と言えば左を向くのが関の山でサッパリ分からない。自分でももう少し聞き取れるつもりだったのに……と、ここでずい分自信をなくしたが……。

次の日は「プランテーション見学」のバスに乗って昔の綿つみ農家の奴隷小屋を見学したときの説明は、船のときよりもましで、少しよく分かったような気がした。この分では語学の勉強は死ぬまでかな！　と思ったりする。

ニューヨークの世界貿易センタービルがテロによる崩壊後、アメリカ全土にはあちこちの村、町に星条旗が翻り、タスカルーサでもニューオリンズでもただならぬ緊張感を漂わせていた。そして私たちにとって予期せぬ出来事。しかしそれはうっかりしていて予期しなければならなかった事実だったのかも知れないが、このことについては私たちはあまりにも安易過ぎた。

十二月七日（日本では八日）、この日を迎えたアメリカ人は、ニューヨークのテロと日本が起こしたパールハーバー事件とをストレートに結びつけて感じとったとも思われた。彼等は六十年前の真珠湾攻撃の写真を掲げて大々的に報道し始めた。

「パールハーバーを忘れるな！」とアメリカのメディアは立ち上がっていた。ニューオリンズでも、パレードが行われるらしい。私たち日本人旅行者は、大きな顔で通りを歩けなくなって来た。幸い十二月七日は帰国の日だったので、空港でテレビや新聞を見るにとどまったが、アメリカの世論にはきびしいものを感じた。

八日。日本についてからは肩すかしを食ったように、日本の新聞は、全くといってよいほどこのことについて触れていなかった。私はまた愕然とした。

アメリカの視野から見せつけられた十二月八日の戦争開始の日のこと。私たちは決して忘れてはならないのではないか？「苦しかったことも正直に次の世代へ伝えなければならない」と思った。

（『習志野ペン』63号掲載、平成十五年十二月十五日刊行）

▼タスカルーサ市長を表敬訪問した著者。
(左から著者、デュポント市長、山崎美、山崎ま、宮原の各氏)

▲リンダとジョンにジャックが生まれた。

◀リサとバトラー。(著者宅にて)

▼リンダとジョン。
(京都金閣寺にて)

▲リサのスカイダイビング。

▼ラーリの
スカイダイビング。

▼習志野市の市長室にてリサとバトラーほか。

リサとリンダの物語（四）
～スカイダイビング～

リサとリンダの兄ラーリーが、友だちのマークを連れて日本にやって来た。私の家に約二週間逗留する。彼等は日光・横浜・鎌倉などとあちこち出歩くので、私は簡単な朝食を用意するだけで気が楽であったが、それでも驚いたことがひとつあった。

時は十月。暑くもなく寒くもなく、日本では一番気持ちのよい気候であるのに、アメリカ南部から来た人たちにとってはちょっと寒かったらしい。しかし、昼間は半袖のTシャツ一枚で行動し、上衣をリュックの中に入れて行ったり、入れていかなかったりなので、平気そうに見えたのだが、それが夜になると、ヒーターなしの部屋でベッドにふとんでは寒くて眠れなかったらしく、押入れの中から電気毛布を探し出して使っていた。

私はすでに就寝中とみて声をかけるのを遠慮したのか？でもそれにしては翌日もその翌日もその状態だったから断るチャンスはあった筈。そういえば何年か前にもオーストラリアからの女性が私宅の押入れの中からバスタオルを何枚かとり出して使っていたのを思い出した。勝手に押入れの中を探されて私はショックだったが、これも単なる習慣の違いらしい。

もっと驚かされることが起こった。それは来日した彼等の一番の目的は、埼玉県川嶋にあるホンダエアポートでの「スカイダイビング」であったのだ。私の若い友達たちも「スカイダイビング」なんてほとんどよく知らなかったのに、ラーリーはインターネットでちゃんと調べて来て、埼玉スカイダイビング・ジャパンを目指して出かけて行った。

翌日、ラーリーとマークは自分たちのダイブのビデオを私たちに見せた。それは七十歳を過ぎたおばあさんには、ビックリ仰天ものだった。こんなに危なそうなスカイスポーツを楽しんでいる若者がいるなんて信じられないくらいだった。

ビデオはまず飛行機の中でダイバースーツを身に付けて待機しているダイバーの姿が写し出される。ラーリー、マークを含めて四人のパッセンジャーたちは、胸をドキドキさせながら笑顔で座っている。高度約三千五百メートル。視界良好。最初ラーリーがインストラクターと共に、飛行服を風にふくらませて外に出て、降下する。パラシュートは二個ついていて、最初に開くのはドローグシュートといって小さいもので減速用。次に約十秒ぐらいでメインパラシュートが大きく開き、ラーリーのほっとした表情がクローズアップされ、両手をいっぱいに広げて空中を泳いでいる姿が写し出される。

次第に下界を見まわす余裕もできたようで、空の世界を堪能できたのかどうか、数分立てばもうすぐ着地である。ラーリーはすでにアメリカで十回もダイビングの経験があり馴れているので自分で着地。マークはまだ二回目なので、ランディングと共に地上から別のインストラクターが走って来てマークの膝のあたりを後から蹴って着地をスムースに成功させた。値段はビデオ込みで四万円～六万円くらい。勇気も金額もハイクラスである。

ラーリーはおん年三十五歳を越え、決して若くもないし、金持ちでもない。アトランタで家は買ったが、ギターとドラムを教えて生計をたて、気儘に好きなことをやっている。シングルミュージシャンである。マークはラーリー家の一部を借りて住んでいる店子でギターリスト。この人たちの人生は本当に屈託がないように思える。二人はいつも夜遅く帰ってくるのでサヨナラ・パーティーをするタイミングがなくて、そのために用意したステーキを朝食に出したら、彼等は感激して「朝からステーキ」の話をアメリカに持ち帰って吹聴したので、これがリサとバトラーがまた来日することにもなった一因でもあったらしい。

何とリサとバトラーはラーリーにそそのかされたのか、二人ともアメリカでスカイダイビングをやってのけそのビデオを持参して私たちを驚かせた。おまけに彼等は私たちの英会話クラス「ビギン」でそのビデオを公開した。何という恐いもの知らずの人達なんだろう。私たちは呆れたより感心した。

バトラーはアラバマの両親にこのことは秘密にしていると言った。この人たちの明るさ、思い切りのよさは抜群である。また日本人のように表面をつくろわない正直さが私は大好きである。

習志野の練兵場でも落下傘の降下訓練が時々行われている。東習志野のイトーヨーカドーの通りを車で通行中、二三度、それを見ることができた。いくつものパラシュートが空中で花のように開いては、次から次へと舞いおりていく様は見事だった。しかし隊士の姿は直立である。ラーリーたちの姿は泳いでいて、ビデオカメラは下から上から側面からとカメラ班のダイバーたちが写真をとっているのだ。

スカイダイビングについては余談があって、平成十六年一月十六日。ここ埼玉のホンダエアポートでアクシデントがあり、パラシュートが開かなくてダイバーとインストラクター二人の命が消えた。この人たちの場合、ドローグシュートもメインパラシュートも、緊急の場合のリザーブパラシュートも開かなかった。検証によれば紐がからまってしまったのだそうだ。ラーリーたちの三ヶ月後のことである。現在、川嶋でのタンデムジャンプは休止されているとのことだ。

私はかねてから双生児について知りたかったことがあり、まずはそれを兄のラーリーに聞いてみた。

「リサとリンダは瓜二つで顔かたちから声までそっくりだけど性格もよく似ていたの？」

ラーリーは、「全く違うよ。子供の頃から違っていたし今も全然違っている」

「トータリーデフレント」で片付けられてしまい、私の未熟な英語ではそれ以上、追求できなかった。同じ質問をリサにしてみた。リサはしばらく考えて言った。

「武田さんは、今の状態を聞いているの？」

「ノー。成長過程での話が聞きたいのよ」

リサは答えた。

「私たちは小学生の頃までは何でも全く同じ。あまり違いは目立たなかった。中学校の頃から序々に異なった道を歩くようになった。リンダは社交的で友だちも多く、チアガールのメンバーとなって活躍する典型的なアメリカンガールだった。」

「あなたは違ったの？」

「私は声楽の勉強も始めたし、アートも好きだったので、ハイスクールも、市外の離れた所にある芸術科を選んで教育課程をとった」

それで資格を持つリサは日本で中学校の補助教員になり、リンダは「ノバ」という会社の英会話スクールの先生になったのだ。

さらにリサは言った。

「リンダにはいつもボーイフレンドが何人かいたが、私はバトラー一人しか作らなかった」

一緒にいた夫のバトラーがすかさず、

「アイ　アム　ラッキー」と本気で言っている。

双生児の場合、互に助け合うことも多いが、競争心は人一倍熾烈でそれは永遠に続くという。リサもリンダもめでたくハンサムな白人男性と結婚し幸せ一杯なのだが、リンダには子供ができたのでリサもとても欲しがっている。

「子供は何人つくるつもり？」と聞くと、

「三人。そして私もママのように東洋人の子供を養子に貰って五人ぐらい育てるつもり。当分、日本にも来られないと思う」と答えた。

私たちは、リサとバトラーに一日も早く可愛いいベビーが授かりますようにと祈っている。

（『習志野ペン』64号掲載、平成十六年三月十五日刊行）

▼仲睦まじいリサとバトラー。

ロシア紀行

二〇〇三年十月二十四日。アエロフロート576便でモスクワへ向かった。「芸術のロシア紀行」というツアー名で三十二名で出発。芸術といってもお目当ては「エルミタージュ美術館とエカテリーナ女帝の宮殿琥珀《こはく》の間」である。

サンクトペテルブルグは建国三百年祭とかで、春には日本橋三越で「エカテリーナ二世宮廷使用の華麗な食器展」があり、夏には上野の東京都美術館で「ロマノフ王朝展」が開催された。かねてから私はロシアには特別の関心を寄せていたので、二つの展覧会にもツアーにも躊躇《ちゅうちょ》することなく参加した。

「ロシアだって?」「寒いよ。たくさん着て行きなよ」と友だちは忠告してくれる。案内書によると、この時期のロシアは零下四度で、最低はマイナス四十度に下がることもあるそうだ。しかしマイナス二十五度の経験はあり、寒さには少しは自信がある私だが、問題は右膝の痛みと歩行困難である。でも逃がしたくないこのチャンス。エーイ! と思い切って杖つきで行くことにした。

百円ショップで買ったステキな杖を頼りに、できるだけ荷物は少な目にまとめた。よし! これで若い人にも負けずに付いて行けると自信ができた。勿論、七十七歳の最高齢。おかげで皆からかなり親切に労わって貰うことができ、幸せな旅だった。

十二時三十分。日本語のアナウンスで成田を出発。富士山をはるか後に見ながら日本海を通過し、シベリア大陸へと入る。途端に大地は真っ白な雪で覆われてしまった。モスクワまでは十時間。ヨーロッパやアメリカに行くよりはかなり短いのが嬉しい。その上、アエロフロートは一人分の座席が前の座席から少しだけ距離があって、足を伸ばしてリラックスできたのが何よりだった。

ところが……である。問題はモスクワに着くときに起きた。我々の乗った飛行機は、モスクワ空港を目前にして地上へ向かって降下、また降下。ゆっくりと着陸の態勢に入っている。機内は静寂そのもの。シートベルトをしっかりと締めて人々の間には期待と緊張感がみなぎっているそのとき、「ガタン」という衝撃音と共に機体が揺れたかに見えたので、「着陸したな!」と誰もが思った。でもそれは違っていた。

機は再びフンワリと上昇していたのだ。「何ということだ!」乗客の不安をよそに機はゆっくりと上空を旋回している。なかなか降りられないのだ。十～十五分も経過したと思われる頃、やっと二度目のランディングに成功した。

「危なかったよね」「助かったらしいね」

機内からは何のアナウンスもなかったが、後で聞くと「片方の車輪がうまく出なかったらしい」ということで、これが我々がロシアに着いた最初の歓迎だった。

モスクワインターナショナルからは国内線ターミナルへ移

動して、サンクトペテルブルグ行きのアエロフロート小型機に乗る。ところがまたまた、ここで新たなハプニングに遭遇する。フライトアテンダントが乗客の数を数えると、乗客一人分の座席が足りないことが分かった。

各ツアー責任者は呼び出されて人数を確認する。アナウンスで誰かの名前をしきりに呼んでいる。この騒ぎでまた出発が三十分以上遅れ、やっとサンクトペテルブルグに着いたのは午後の九時となっていた。空港には現地ガイドのセルゲイさんがバスで待っていて、その案内を聞きながらホテルへ向かうのだが、バスについているマイクの調子がおかしくて宇宙人のような音声になり、何を言っているのか分からない。やっとホテルに着いたのは夜の十一時四十五分だった。やれやれ……ロシアとは大した国だ。以後、我々は何が起こっても驚かないだけの覚悟はできた。

× ×

二日目。十月二十五日。サンクトペテルブルグは雪。マイナス二度。こちらは日の出がおそく、朝は七時になっても外はまだ真っ暗である。しかしホテルはさすが五つ星。言うことはなくすべて整っていた。

九時。市内観光に出発。道の両側の建物はすばらしい。ビッチリと隣接するビルとビルの間には、少しの隙間もない。五階建て、六階建て、ときには七階建ての石作りのビルは、中世後期のヨーロッパ文化そのままに現存したり、また新しく建て替えられても、古い時代のままの景観が残るように規制されている。

西欧の建物の壮大さ、美しさにはいつも感嘆させられる。でも中に住んでいる人にとっては冷暖房設備、電気配線の不備、エレベーターもあったりなかったりで相当住みにくいものではあるらしい。どこにも駐車スペースはないので、車は道路の両サイドの一車線ずつを完全に塞いでいる。これまたビッチリとほこりを被った汚い車が駐車していて、どうやって発進できるのか不思議である。

プーシキン広場、イサク寺院、血の教会などを見学していよいよエカテリーナ宮殿へと向かうその途中、またしてもトラブルが発生した。バスの後方座席の人々から、「何やら臭い匂いがする」「ゴムが焼けているようだ」「タイヤが焦げているのではないか？」という声が上がり、運転手に伝わったが、彼はそのまま運行を続けている。しばらくして再び先ほどの声が起こり、前の方にも焦げる匂いが伝わって来て、運転手はやっと車を歩道側に寄せた。彼はやおら作業着を羽織って車の下にもぐった。何やらナットをはずしたり、はめ込もうとしたり、雪でビチャビチャになった道路にあおむけになって修理に当たっている。暖房も切れたので私たちも傘をさして道路で待つこと約三十分。彼がやっと車の下から出て来て何とか出発できたが、私たち乗客以上にアンラッキーな彼に同情せざるを得なかった。

この時間ロスで、エカテリーナ宮殿に着いたときにはすでに先客が長蛇の列をなしていて、私たちは館外で一時間以上も待たされることになった。寒いこと寒いこと、動かないでジッとしているのは本当に辛かった。私たちの前には百人くらいの人がいて、後にもまたそれ以上の列が続いている。建物の中に入る人数は一定数に規制されているので、待てど暮らせどなかなか入り口にたどり着けないのだ。私たちのすぐ前にウラジオストックから観光に来たという女子大生がいて、彼女は日本語を話したがり、私は英語で話しかけて苦しい時間もどうにか凌げた。

宮殿は全長七百メートルにも及び、ネヴァ川に沿って建てられて白を基調に青と金で縁どられたバロック様式の外観は、壮麗そのもの。この世にまたとあろうかと思うほど美しい。

その装飾は力強さ、華々しさに加えて、古典主義様式の優美さも兼ね備えている。当時のロシア帝国の繁栄を、更には脅威さえも感じさせられるのだ。

中に入ると外套を預かる人々がいる。ロシアはどこでもそうだった。舞踏会が催される大広間は壮大で、金箔のレリーフ装飾が施された多くの窓や鏡、大きな天井の絵画・広い床の美しさなどすべてが想像を絶する豪華さであった。

さて問題の琥珀の間。琥珀とは地質時代の植物樹脂が化石化したもの。松やにもまた然り。透明または半透明で黄・赤・褐色などで装飾品に使うものだそうだ。部屋の壁は全部、琥珀である。この何とも言えない豪奢な部屋は世界中に唯一つしか存在しない。しかし第二次大戦のとき、ドイツ軍によって大部分が盗まれ、今もって行方が分からないというミステリーで、現在あるのは修復されたものだそうだ。

三日目。エルミタージュ美術館に入る。

エルミタージュ棟と隣接する劇場・冬の宮殿からなる四つの建物はそれぞれに迫力があり、偉大で、コレクションの規模の多彩さは私たちを圧倒した。館内には千を越える部屋があり、歴代ツワリーの生活の絢爛さを物語っていた。ピョートル大帝の部屋とその肖像画、エカテリーナ二世の全身大の肖像、ニコライ二世の結婚式の大絵画などはとりわけ印象に残り、またカメオのダイニングセットなどの美しい美術工芸品には思わずため息が出る。絵画や美術品のコレクションは三百万点以上で、一作品を一分間単位で見ても六年はかかるそうである。

夜は隣接するエルミタール劇場で、本場のバレーを観賞する。くるみ割人形を演じるダンサー達の躍動を真近に見られて、その修練の技と極限の美に感動した。

四日目。モスクワへフライトし、寒さは一段と増して来た。フードつきの防寒服、毛皮の帽子、ここではミンクのコートもまだ沢山歩いていた。モスクワの道路は常に大渋滞、空港からホテル迄二時間もかかった。モスクワもまたサンクトペテルブルグと同じように汚れた車がほとんどで、日本のようなピカピカの新車にはめったにお目にかかれない。ガイドのセルゲイさん曰く、

「ロシア人は外国の中古車が大好きです。マセーデス・トヨ

タ・フォード……などなど。理由は性能がよくて安いからです。ロシアにも国産車はありますが、もし誰かが国産の新車を買ったら、その人は三ケ月~五ケ月以内に修理工場へ行かなければならなくなるのです」

このガイドはユーモアに溢れていて、日本語も堪能であった。

「セルゲイさん。どこで日本語を習ったのですか?」

「私はモスクワ大学の東洋学科を卒業しました。ワイフと娘は大学で仕事をしています。日本には行きたいですけどまだ行ったことはありません」

モスクワ大学は雀が丘と呼ばれる広い丘の上に建っていて、全国の秀才たちが熾烈な受験戦争に大変な努力を重ねてここを目指すというロシアにおける東京大学である。モスクワにある七つのスターリン様式の建築の中でも最大のもので、遠くからでもそれと分かるランドマーク的存在だ。教授・助教授などの講師陣だけでも五千人を越え、日本人学生もかなりいるらしい。ロシアの誇るアカデミーナンバーワンを卒業したセルゲイさんの顔は誇らしげである。しかし経済面での悩みを抱えるこの国では、大学教授のサラリーでも三万円ちょっとで、多くの人は副業で暮らしているという。ここからは夕日を美しく眺めることができた。

翌日はいよいよクレムリンへ。

「赤の広場」は車が通れず、こまかい花崗岩の片が敷きつめられた平面を歩いていく。ハイヒールには不向きである。モスクワ川沿いの高台に築かれた元要塞で赤く塗られた城壁が延々と続くおおまかに三角形の砦である。内部には八十メートルもあるトロイツカヤ塔や、時計をはめ込んだスパスカヤ塔は入り口になっている。クレムリン宮殿や元老院、兵器庫、ロシア正教の大聖堂などがあり、チェックはきびしいが誰でも入ることができる。現在世界遺産に指定されている。ロマノフ王朝の後、レーニン・スターリン・フルシチョフ・ゴルバチョフなど革命の時代を経て現在はプーチン大統領がここに君臨している。

TVニュースの画面などで見聞きして畏怖さえ感じていた冷徹な共産主義の本家本元といった感じはなく、赤・緑・黄・白とカラフルに塗り分けられた建物や、ネギ坊主のような丸屋根の数多くの聖堂がまるでお伽の国に遊びに来ているように、これはディズニーランドではないかと思わせるような楽しい錯覚をさえ覚えさせるのだ。

赤の壁も思ったより高くなく六~十メートルといったところ。武器庫の中が博物館になっていて歴史ある鎧・甲・馬車・宝石・金銀細工・王冠などの貴重なコレクションが多数で宝物に見飽きた私が面白かったのは世界一大きい大砲がまだ一度も発砲されずに数個の弾丸と共に設置されていたり、「イワンの鐘」と呼ばれる七十トンもある、これまたバカデカイベルが鎮座していて、敵の襲来を告げるのに利用して来たという。そう言えばモスクビッチは歴史好き。ナポレオンやドイツ軍をいかにして撃退させたかなどなどの話はよく聞かされたが日本との北方領土には関心がないらしい。

モスクワの交通渋滞は最高。使用できるハイウェイはないにひとしく、人々は極めて非能率的な状態で暮らしている。我々が申し込んだ夜のオプショナルのディナーショーは、あまりにもつまらなかったので、参加者の不満が会社に届き、後日五千円のマネーバックがあった。

「幻想のロシア紀行」は終わった。

現地では風邪は引かなかったが、寒さと乾燥で喉はいつもカラカラ。唇の皮がひとかわ剥けてしまって、治るのには帰国後二週間もかかってしまった。

（『習志野ペン』65号掲載、平成十六年六月十五日刊行）

▲クレムリン宮殿の全景。
▼エルミタージュ博物館。

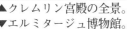

スペインの旅（一）

二〇〇四年四月末日、ローマ経由でスペインのマラガに到着した。私はバルセロナオリンピックの年に一度スペインを訪れたのだが、そのときにはイベリヤ航空で直接、成田からバルセロナへと行けたのに、近年になってスペインへの直通便はなくなり、フランス・ドイツまたはオランダ・イタリアなどから入らねばならない。私と同行するのは友人の和子さんとそのいとこでローマに住んでいる幸子さん。彼女はイタリア人と結婚して死別し、一人娘をイタリアの大学に通わせていて、英語、イタリア語、日本語はペラペラで、スペイン語も少しできるという才媛なので、私たちにとっては頼もしい。ローマではコロセウムの近くにある彼女の家に二泊し、一日まるまるローマ市内をサイトシーンすることができた。

二十五年ぶりに訪れたローマの町は、すっかり綺麗になっていて、「千円。千円」という物売りたちのかけ声はなかった。その代わりといっては変だが、交差点で私たちの車が止まったその瞬間、突然人が現われて勝手に車のフロントガラスに水をかけて拭き掃除をして「一ユーロー」を請求する人たちや、観光地では古代の鎧《よろい》・兜 に派手な赤いスカートをはいてジュリアス・シーザーを気取った大男たちが槍や刀を手にいっしょに写真をとるだけで「五ユーロー」を要求する新商売に変わっていた。道路にビッシリとパーキングしている車の数は増えこそすれ減ってはいなかったし、沢山のオートバイたちが車の間を縫うように走ったり横切ったりするので、ローマ市内をドライブするのは大変である。泥で汚れていた昔とくらべてどの車も美しく磨かれて、高級車も多く見られ、この国の経済発展を時勢の流れで見てとれるようだった。

私たちを乗せたアリタリア機が地中海を横切ってスペインのマラガ空港に着くと、ロシオ・ゴンザレスとボーイフレンドのホセ・カルロスが迎えに来てくれていた。ロシオと私は、四年ぶりの再会を喜びあった。当時はまだ大学を卒業したばかりのロシオは、どこかまだ少女っぽい、スリムな面影であったのに、今では立派に成長して美しいレディに変身していた。彼女と母親のカルメン・ゴンザレスが私の家にホームステイしたのは、二〇〇〇年の夏だった。

カルメンはプロフェッサーで、幕張メッセで開かれた数学の世界会議に出席のため娘のロシオを連れて来日したのだった。次の開催地がカルメンの住むセビーリアということで、かなりの人数がセビーリアからやって来ていて賑やかなグループだったことを覚えている。ロシオはよく気がつく利発なお嬢さんで、彼女は毎日のように東京へ出かけてはショッピングを楽しんでいた。メッセの広場で「さよならパーティ」が催されたとき、車で送迎していた私も「一緒にパーティに参加しようよ」とロシオが言うので何となく座っていると、食券のない私にロシオは何度も足を運んで食べ物を持って来てくれる。

「大丈夫?」と聞くと、

「大丈夫よ。聞かれたときには『食券をなくしたの』と言うから」とすまして答えている。彼女は帰国してから何度も
「スペインにおいで」とメールを寄越す。

「セビーリアのフラメンコ祭には行きたいと思っているよ」と返事すると、

「いつ来るのか?」と尋ねてくる。

「来年」、「来年はきっとね」と何度か言っているうちにはや、四年が過ぎて、しびれを切らした彼女がついに、フラメンコ用のステキなドレスとショールを送って来た。

「まさか、『これを着て祭りに参加しなさい』と言っているのではないでしょうね」と言うと、

「ショールだけでもよい」と言うので、私もやっと腰を上げることになった。

　行って見ると、彼女の住むマラガはよい所だった。

　地中海に面したリゾート都市で、人口は約五十万。夏になるとヨーロッパ各地からバカンスを楽しむ大勢の人たちがやって来て、現在あちらこちらに目立っている空家・空室は皆、ビッシリつまってしまうのだそうだ。三百キロにわたって延々と続くコスタデルソスの海岸の白砂と紺碧の海。水平線のかなたにはアフリカ大陸がある。人々は眩いばかりの自然の陽光をいっぱいに浴びて、ボートにサーフィンに、ビーチバレーに水上スキーなどと、しっかりと楽しんでいる。ハワイのワイキキなどとは、全くスケールの違うすばらしい海岸線である。

　気に入った。本当にステキだった。私たち三人とも、

「こんなに美しくて気持ちのよい所とは知らなかったわ。できれば家を手に入れて住んでみたいわね」

「幸子の家は高価だからあれを売ればここに住めるわよ」「私だって二軒持っていれば売るわよ。本当に考えちゃうな」と私たちは夢のようなことを話し合った。

　マラガの町の名所は何といってもカテドラル。イスラム世界に対抗して十六世紀に建築が始められたこの大聖堂はその威容と壮麗さを近隣に見せつけるように、莫大な出費を重ねながら十八世紀になってもまだ完成しなかったということである。聖職者ペドロが祭られている。

　アルカサバドは別名を小グラナダともいわれるように、イスラム国家の要塞と宮殿が古代ローマ帝国の要塞跡に建てられている。二重の要塞に囲まれた中には美しいイスラム庭園が広がっていて訪れる人の目を楽しませている。城壁からの展望は抜群で、眼下に広がるマラガの市街と港の様子がくっきりと、またまるでベースボールスタジアムのようにみえる円形の広場が闘牛場で、中では数人の闘牛士らしい人たちが練習をしている様子だった。今日は生憎と闘牛は開催されていなかったが、私はこれが見たくてたまらなかったのだ。

　町の中心部にはピカソの生家があって、現在は博物館になっている。約二百点あまりの作品が展示され人の出入りが激しかった。

翌日はミハスに連れて行ってくれた。人口三万人ぐらいの小都市で高台にある観光の町。ゆるやかにカーブした狭い道を松林に沿って登って行くと、両側には沢山の土産品の店が並び、ロバ・タクシーがドレスアップさせられて御者と共に客待ちをしている。和子さんたちは、ここも大変気に入ってショッピングに余念がなかった。

ロシオのお父さんがランチに招待してくれた。海岸の砂浜に最も近い所にレストランのテントが張られ、磯の香りと心地よい潮風を肌に感じながら、青い空、蒼い海。大自然の中でゆったりと食事をとることができて、何とも言えない幸せを感じていた。

ロシオの家庭はかなり複雑で、お父さんと娘のロシオはマラガ郊外の別々の家に、それぞれのパートナーと一緒に住んでいる。お母さんはロシオの弟ハンスと二人でセビーリア市内に住んでいる。夫婦は完全に籍を抜いたわけではないが十年以上も別居状態で、一年に一度だけクリスマスには家族が一緒に過ごすのだそうだ。

お父さんは、レストランにガールフレンドのアナを連れて来た。アナはお父さんと同じ学校の英語の先生で、まだ一度も結婚の経験がなかったという品のよい婦人で、私たちと会うために日本の着物柄の花模様の上衣を着て出席し、英語に弱いお父さんの会話をよく助けていた。控え目で出過ぎない態度は、私たちにも好感を呼び会話は弾んだ。後で私たちはアナのことを、

「思ってたより感じのよい人ね」

「ステキな方ね。ロシオのお母さんのカルメンは、あまりしゃべらない無口な人だったわよ」と和子さんが言う。ロシオは父親の彼女がよい人であればあるほど、やりきれない複雑な気持ちでいると思う。父親はいとしいロシオを近くに置きたくて、自分たちが住んでいたかなり広いアパートを無償でロシオたちに提供し、収入の少ない若い二人を財政的にいろいろ助けている。ちなみに今日のランチも、品定めや注文は、ロシオが総て取りしきり支払いは父親がする。

三日目。和子さんと幸子さんはグラナダへ。私はグラナダは前回行った所でもあるので別行動を取った。実は佐賀の友だちのキミ子さんがスケジュールを私に合わせてセビーリアに行くので、私もそれに合流するべくホセに駅まで送って貰い、一人でセビーリア行きの列車に乗った。美しい海岸線からなだらかな丘陵地に入り、オリーブ畑の続く中を約三時間でセビーリアの駅に着いた。ロシオのお母さんのカルメンが出迎えに来てくれていた。

車でカルメンの家へ向かう途中。見た。見た。見えた！本場フラメンコの衣装をあでやかにまとった美しい人たちを。何人も。何人も！　歩いて行く人。車に乗って行く人。オートバイの荷台に載せてもらっている人。馬車の人。みんなフェスタの会場を目指している。

私はすっかり興奮してしまった。

（『習志野ペン』66号掲載、平成十六年九月十五日刊行）

スペインの旅（二）
～フェスタと闘牛～

フラメンコの衣裳には、いろいろなスタイルがあって通常、ダンスで見られるのは幾重にも重なったフリル付きのスカートが裾でぐんと広がって落下傘のようになったものである。これは松竹や宝塚の歌劇団が一列に並んで、足を肩まで上げながら「天国と地獄」の曲を踊るようなものだが、ほかに裾はあまり広がらないで、躯の曲線にピッタリと沿ってヒップのところでふっくらと膨らみ、歩ける程度まで裾が広がり、フリルで終わるという見るからにセクシーな感じなものとの大体二通りに分けられるようだ。

いずれも色とりどりでカラフルであるが、模様の基本は全部「水玉」である。玉が大きかったり、小さかったり、多かったり、少なかったり、それぞれが変化に富んで美しく工夫が凝らされていて、たかが「水玉」といっても同じドレスは見当らないのである。

髪には一輪の赤いバラの花を挿して歩くことのあでやかなことこの上もない。ほれぼれと見とれているうちに、やがて殿方たちのお出ましとなった。

中世のプリンスや貴公子たちもかくあらんと思われるように、白いワイシャツに蝶ネクタイ、黒のスーツに同色の長いブーツ、頭には何というか昔のカンカン帽の鍔《つば》をひと回り大きくしたような麦わらでできたと思われる平べったい帽子を被った若者たちが、手綱さばきもあざやかに続々と入場して来る。馬たちも鈴をつけたり緋色の布を着せられたり、すっかりおめかしして二頭立て、三頭立て、なかには四頭立てもやって来て次から次へとパレードが続き、一体、どこからこんなに沢山の馬車が来るのだろうか、普段はどこに保管されているのだろうかと不思議だった。

フェスタの会場は広い広いグラウンド、急拵えの道路は土埃と馬糞の匂いであまり衛生的ではなかったが、ときどき、市の散水車が来て道路に水を撒きながら馬の尿と糞を清掃して行く。幾筋もの作られた道路に沿って何百もの同じ形のテントがビッシリと張られ、中では人々が楽しそうに飲んだり、食べたり、踊ったりしているが、一見の客は入ることができない。それぞれ職場、コミュニティー、クラブサークルそれに○○家とか格式のある人たちを中心に作られているのである。私たちはどこかに入れてくれるテントはないものかと歩いて、歩いて、何列ものテントの中を覗いて歩いたので、すっかり疲れてしまった。

キミ子さんの旦那がスペイン語を話せるので、お蔭でやっと一つのテントに入れて貰うことができた。セビリアの中年の人たちは、ほとんど英語が話せないので、何を言っているのかサッパリ分からない。

「飲め」と言われてビールを飲んで、「食べろ」と言われて食物をつまんだりしていたが、時間も大分過ぎて帰ろうと立ち上がると、隣の中年の夫人がシッカリと私の手をつかんで離さない。「帰るな」と言っているらしいのだが、その力の強いことったらなかった。向こうはアルコールも相当まわっていて、その手をふりほどくのは大変だった。こんなとき、スペイン語ができたら、もっと楽しかったに違いないのだが……。

フェスタは明け方まで続き、セビリアの町の人たちのほとんどが着飾って出てくるそうである。

翌日、ロシオもホセも和子さん、幸子さんもマラガからやって来て、セビリアにあるカルメンの家は満員になった。

カルメンとロシオは、大鍋いっぱいにムール貝やエビの沢山入ったパエリアを作って、私たちに馳走してくれた。平たい大きな鍋に、サフランと米を蓋なしで水から煮るので、ときどき、鍋をまわして火加減を調節し、長い長い時間がかかってシーフードの味がしっかりしみ込んだ黄色いご飯が美しく仕上がった。

その次の日、コルドバに皆で行き、次の日はカルメンが「イタリーカ」に連れて行ってくれた。

ここは紀元前何百年か前に、ローマ人によって造られた町が遺跡として残っていて、モザイク模様もあざやかに住居跡が風呂場、キッチン、客間などと広い範囲にわたって保存され、現在もなお発掘が続いている。古のヨーロッパの国々の攻防による栄枯盛衰の歴史が、感じとられる貴重な場所であった。案内してくれるカルメンの英語が四年前とは違って一段と上達していて、私たちをはるかに凌いでいるのには驚かされた。

私の家に滞在したときには、まだ発音がおぼつかなくて、娘のロシオにスペイン語で尋ねては応答していたのに……。女の意地をそこに見た。夫は英語教師のアナといっしょに住んでいるのだ。相変わらず口さがない私の友だちが、ロシオから聞きだしたところによると、家族は最初、父親の故郷であるコルトバに住んでいた。ロシオが中学生の頃、母親のカルメンは、夫の浮気と周囲の保守的な環境に耐えきれず、子どもたちを連れてセビリアに移った。父親はその後、放蕩を繰り返していたが、現在のガールフレンドであるアナを得てからは女巡りも止まり、落ち着いているということであった。ミスター・ゴンザレスは知的なハンサムであるが、妻のカルメンも彼に負けない美しい人である。ロシオもまた父親ゆずりのすばらしい美人で、言うならば美形家族である。美しいが故にそれぞれプライドも高いのであろうが、ヨーロッパでは離婚は珍しくないケースであるらしい。ロシオのボーイフレンドのホセは、家族の中では一番の大男であるが、温和な性格でまるでペットのようにロシオに可愛がられていた。

さて、私は念願の闘牛を見たいのに、誰も「行きたい」とは言わない。理由は「かわいそう」、「残酷」、「あなたも一度見ればきっと『もう見たくない』と思うわ」となかなか手厳しい。仕方がないので一人で行くことにして、買い物に出る彼女たちにチケットの購入を頼んだ。後でひょっとしたらと思ってホセに聞いてみた。

「ドウ　ユウ　ライク　ボールファイト?」

「イエス。アイ　ライク　ベリー　マッチ」

と言っている。これは占めた！　と思ったので、
「私がチケット購入するからいっしょに行かない？」
と言うと、「サンキュー」と返ってきた。これで決まり。頼んだ上等の席は取れなかったけど、八ユーロでまあまあの場所。カルメンが大きい望遠鏡を持たせてくれた。

町の中心部にある円形の闘牛場はベースボールのスタジアムにも匹敵するほどの大きさで、観客はビッシリ入っている。周囲を見渡すとシニアというかかなり年配の人たちが多いようだったが、中には着飾ったドレス姿の若い女性もいるし、中年のカップルもいる。闘牛はスペインの伝統的な行事で、日本で言えば相撲か歌舞伎のような雰囲気である。やがてトランペットが高らかに鳴り響き、スペイン語で宣言のようなものがあって、本日のマタドールたちの名前が発表され、有名な闘牛士には期待をこめた拍手が鳴り止まない。

私たちの席の真下にあるゲートが開けられたかと思うと、黒色の若牛がまっしぐらに走って出て来た。牛はこれから何が起こるのかよく分からない様子で、あちこちに向きを変えては走ったり、止まったり、ときには張り巡らされた囲いに角をぶっつけたりして興奮している。そのうちに三人のバンテリリェーロと呼ばれる人たちがピンク（赤ではなかった）の布を持って現れ、牛の正面に布をかざすと牛は布を目がけて突進してくる。それを上手に交わし、また別の方向に布をかざす。危ない！　と思われたときは別の二人が布を持って助けに入る。それでも牛に追いかけられて這這のていでゲートの中に逃げ込むと牛は、ゲートの囲い板に頭からぶつかってくる見せ場が何回もあった。まもなく馬に乗って長い槍をたずさえたピカドールと呼ばれる人たちが二人入場してくる。馬の腹と足は防御用の布のようなものでとりまかれており、それは金属でできているゴザのようでピカピカ光っていた。

一人ずつがグラウンドの両端に位置し、牛をおびき寄せて長い槍で牛の首筋を突く。牛は怒って馬に角をつき立てようとするが、槍さばきでそれを防ぎながら牛の勢いをある程度は弱らせる役目をする。ときには馬も血を流すことがある。これをあまり長くやっていると、観客からブーイングが起こる。

次に銛撃ちのバンデリリェーロが、紙飾りついた七十センチほどの長さの剣を両手に一本ずつ頭上にかざしながら現れ、牛と対決する。狙いを定めて二本同時に牛の背中の前方に撃ち込む。剣の先はつり鈎のようになっていて一度突き刺さると抜けない。赤や青や黄の華やかな飾りのついたものが牛の背中の両側に三本ずつ計六本立てられるようになっている。銛撃ちの場所が悪かったり、揃っていなかったりすると観客からブーイングが起こる。この技術はすばらしく熟練がいると思った。牛は新たな刺激でますます猛りたつが、すでに相当の出血もあり、動作は以前よりは緩慢になって来ている。

いよいよ真打ち、マタドールの登場である。トランペットが再び高らかに響き渡り、闘牛士は白地に黄金色の刺繍

の入った華麗なチョッキとズボンで一メートルもあるかと思われる長い剣とピンクのムレータを持って会場の観客に挨拶のジェスチャーをする。拍手が鳴り止むと剣はしばらくそこにおいて、ムレータをかざして牛を突進させては交わす。できるだけ自分の身近になるまで牛を近づけていく。しまいには自分の肩とすれすれのところで牛を交わしたりすると、観客から「オーレ」の大喝采を浴びたりする。

いよいよフィナーレとなる。彼は牛の正面から剣を構えて、一歩、また一歩とにじり寄っていく。背中を少し丸めたような姿勢で、すり足で半歩、また半歩と近づいていく緊張の時間が過ぎる。

牛は正面から彼のほうをじっと見ている最後の場面である。瞬間、彼の剣がとんだ。見事、牛の首筋を貫き、一分後、牛は、どうっという地響きをたてて地面に倒れた。人々はマタドールの勇敢さをたたえ、また最後まで死力を尽くして死んでいった牡牛にも哀悼の意を表す。

倒れた牛の首から飾っていた剣が抜かれ、角のまわりに網をかけると一方のゲートから二頭の馬が現れて、牛の死体は会場をひき回されて退場して行った。地面には点々と血痕が残っているので簡単に清掃されてから、次の牛の出番となる。

約二時間ぐらいの間に六回同じことが繰り返されて六頭の牛が死んでいくのである。でも、例外もあった。五頭目に出て来た牛は最初から動作も荒々しく、躯も大きい立派な角を持ったいかにも力強い感じの牡牛で、ゲートから走り出て来たかと思うと飛んだり、跳ねたり、闘牛士への突っかかり方も一番激しく猛々しい有様であったが、何を間違えたのか、突進してきて勢い余ってもんどりと自分自身で一回転の宙返りをしてしまった。これには牛自身もさぞかしびっくりしただろうが、思わぬハプニングに観客はヤンヤの大喝采で、結局この牛はご褒美に殺戮を免れ、今回は特別に入り口が開かれて帰って行った。

闘牛用の牡牛は、特別な餌を与えられて丹精こめて飼育される。それを犠牲にして人々が興じるのは、スポーツなのか、ギャンブルなのか、また一種のセレモニーなのか？

太古の昔から強い力への憧憬が、地方ごとに独特な「力くらべ文化」を発達させ、闘鶏・闘羊・闘獣・人間と獣・人と人との闘いなどなど、これらはみな男たちの発想である。闘牛を初めて見たことは、私にとってやはりとてもショッキングな出来事であったと言える。

闘牛士の華麗さ、勇敢さもさることながら、牛が殺されていく過程が、あまりにもリアルで生々しく、哀れみと悲しみを伴う複雑な心境で、一生忘れることができない記憶として残っていくことだろう。

約半年後、この原稿を書いているときに、ロシオからメールが来て、「アナに子どもができて春には生まれることになった」と言ってきた。それは大変！「アナはもう年だから子どもの心配はない」と言っていたのに……。ロシオは単に、「新しい弟か妹ができるのでハッピー」と言っていたが、ハッピーだけではすまされない問題がいろいろと起こっ

てくるのは必定だ。この先、ゴンザレス家はどうなってい
くのだろう。
（『習志野ペン』67号掲載、平成十六年十二月十五日刊行）

▲セビリアの闘牛場。
▼ロシオの家族に招待される（マラガにて）。

フィリピン・セブ島に行く（一）

二〇〇五年一月十五日。私たちはフィリピンのセブ島に到着した。現地の人たちは「セブー」と呼ぶ。セブーはフィリピン群島のほぼ中央に位置し、南北に細長い島で、二本の橋でつながるマクタン島とともにリゾート・ビーチとして有名である。成田からの直行便も週六回。マニラからは一日七回のフライトが、ここマクタンエアポートから発着する。人口は約三百万。フィリピン群島の中では第三番目の大都市である。珊瑚礁に囲まれた白砂の浜辺と、緑の多い美しいこの島は、スペイン統治時代に布教されたカソリックの影響が強く残っており、中でも「シナログ」といって幼いキリストのサントニーニョを信仰する祭りが、毎年一月の第三日曜日に盛大に行なわれている。今年は二十五周年記念祭なので特別豪華な催しになるということで、

「ぜひ見においで！」

とドンさんとワイフのジュゼンさんが言った。

「十月じゅうに予約しないとホテルは取れないよ」

とも言われていたので、和子さんと私はそれに合わせて早くからＨＩＳにチケットとホテルを予約した。折しもスマトラ島沖の地震と大津波の報道で、被災地ではないが地理的にも近い東南アジアに向けての出発はよい気持ちではなかったが……致し方ない。私たちは機上の人となった。

フィリピン航空のフライト・アテンダントは皆親切でよく気がついて世話をしてくれた。機内放送は日本語・フィリピン語・英語の三種類で行なわれ、座席のカタログでは冒頭から「シナログ」が美しい写真入りで大きく掲載されている。スチュワーデスにも、

「アーユー、ゴーイング　ツー　シナログダンス？」

とダンスのゼスチャーで冷やかされながら、夕方には無事にマクタン国際空港に着いた。

ドンさん、ジュゼンさん、ＨＩＳの現地ガイド、リサさんが迎えに来てくれていて、五人でホテルへと向かう。途中町の通りでは両側の並木や建物が美しい電飾で輝いていて、私たちを迎えてくれているようだった。これはクリスマスからシナログまでつけられているのだそうだ。

私たちのホテル「タンブリビーチ」は空港から車で約二十分。マクタン島の北東部に位置し、かなりの老舗で部屋数は四十を越える。フロントから部屋までずい分歩いて私たちの部屋は海のすぐそばだった。一月！　しかも日本をたつときは雪であったのに、ホテルのプールでは泊まり客が泳いでいるし、海では現地の人が腰まで浸って魚を釣っていた。

翌朝のサンライズは見事であった。砂浜に建てられたあずまや風の藁葺き屋根のコテージと椰子の樹が、海上からさし昇るオレンジ色の曙にシャドーして、この世のものとは思えない美しい絵画を見せてくれた何分間かであった。

十六日。第三日曜日。ジュゼンはＮＧＯの日本人のわか

子さんを連れて朝八時にホテルに迎えに来てくれた。わか子さんは隣の島でコンピューターの仕事に従事している教育学部を出た二十四歳のしっかりした女性で、すっかり感心してしまった。給料は三万円くらいだけれど、こちらではどうにかやって行けるのだそうだ。

途中で昼の弁当と飲み物を買った。日本のマクドナルドと全く同じスタイルで名前を「ジョリイビー」と呼ぶチェーン店があちこちにできており、「ドライブ・スルー」といって店の裏側の細い道に回ると、車に乗ったままで買えるようになっていて便利だった。フィリピンの人は「ライスが好き」ということで、茶碗を伏せたような形の白い御飯とハンバーグ、またはチキン、フライドポテトなどとの組み合わせになっている。勿論、パンのものもあった。

町の中は人々の出足が早く、交通規制も始まっていて、車を降りてから会場へと向かう途中、ジョゼンの姿を見失なわないようにと付いて行くだけでも容易ではない。道筋には出店がいっぱいで、麦藁帽子にサンダル・傘にうちわに貝細工・洋服・雑貨・食べ物と、あらゆる品物が溢れていて、小さい子どもの売り子も少なくない。

果物ではマンゴが一番美味しく、若い青マンゴと熟した黄色いものとがある。バナナは日本で食べるものとは大違いで、丈は短く太目で、皮をむくと中まで黄色で味がよかった。パイナップル・パパイア・西瓜・メロンなどと多彩であったが、果物の王様といわれるドリアンは、今は時期ではなかったのかフレッシュな感じがしなかった。

私たちはやっとフェスティバルのメイン会場である市のスポーツセンターに着いた。何百人。いやもっとそれ以上の人数かもしれない人たちが祭りのために働いている。ここに入るには三百ペソの前売券と、顔写真を貼りつけたアイデンティティーカードを首からぶら下げて、持ち物検査もすまさなければ中には入れてもらえない。

陸上競技場は広く立派で、観客席は四〜五万人は入れそうな感じだ。フィールドを挟んで広いステージが作られており、各団体はここで演技を披露してはまた町中へとパレードに出かけるのだ。四十五団体一万人に近い人だという。

午前九時。スターティング・エンターテイメントとしてヘリコプターからのスカイダイビングがフィリピンのエアフォースによって行なわれた。ダイビングは以前に日本で見たような落下傘の形とは違っていて、横に長く、カラフルな色彩のビニール袋のようなものが翼の形に膨らんでステージを目指して舞い降りてくる。しかし、着地は矢張りむずかしいらしく、膝を折った姿勢なので、前向きに転倒したり、横転したりする人が多く、十人のうち三人が立派な着地で拍手も盛大であった

すべての行事には長い挨拶がつきものの日本と違って、それはいきなりダンスから始まった。百人を越えるダンサーたちと何十人かのドラマーがセットで、一グループが約二十分ぐらい、それぞれ華麗に衣装を凝らし、大道具・小道具などの山車を牽引して舞台に上がり、ドラム音楽とマッチしながら隊形を変化させたり、歌ったり踊ったりで観衆

を魅了していく。いずれの団体も何らかの形で幼いイエスを象徴するサントニー二ョという金の刺繍のついた赤いドレスの小さい神様を祀っている。

私が一番ビックリしたのは、市役所チームのグループと、ビサヤ諸島を統括する郡政府のグループのショー舞台であった。市役所チームは踊りの途中から一際目立った一人の美しい服装の婦人を中心に動き始めた。この人は誰よりも目立つようにいつも高台に立ち、サントニー二ョを捧げ持ちながら踊っている。その周りを多勢のダンサーたちが取り囲むように守りながら踊っている。

「あの人はだあーれ?」

ジュゼンに聞くと、

「市長夫人よ」と答えた。そう言えば当の市長は最初夫人と二人で現われて少しだけ踊ったようだったが、後の長い時間は夫人が一人でグループの中心であった。

ビサヤ郡政府のグループのときも同じだった。長官夫人は黄金色の裾広がりのドレスで、他のダンサーたちは純白の裾広がりだった。またジュゼンに尋ねると、

「郡の長官は他の島への出張で留守なので、今日は夫人が長官よ」と答えは明快である。

「夫人は何歳なの?」と聞くと、

「五十歳くらい」と言う。フィリピンではファーストレディーたる者はグッドダンサーでなければならないらしい。

次から次へとダンシングチームが現われては消え、いつまで見ていても楽しいのだが、コンクリートのスタジアムの座席に長時間座っているのも苦痛を感じて、午後になると私たちは町へ出た。昨夜のホテルのレストランの夕食で肉を少し食べ過ぎたのと、今日は朝の出発が早かったのとで、私たちが昼食のライスバーガーになかなか手を出さないのを見てとったジュゼンは、突如スケジュールを変更して、同じ職場の友人である「ボイさんの家へ連れて行く」と言い出した。

「今日はお祭りだから、誰でもご馳走になれるのよ」

と言う。町は午前にも増してひどい混雑と喧騒で、熱気に溢れた人々は張りめぐらされたロープの下を平気でかいくぐって横断し右へ左へと移動する。私たちもそれに習ってどんどん進み、携帯で連絡し合って運転手の待つ車へ乗り込むことができた。

ボイさんの家はセブ島の中でも山手の方にあった。メイン道路から外れた現地の人の居住地域はひどいもので、あばらやといおうか、掘立て小屋といおうか、トタンの切れ端やビニールで四角に造っているだけのものである。ごみは至る所に捨てられ、水溜り、山羊・犬・牛などが雑居して、子どもたちははだしでごみを漁っていた。

「フィリピンはプアーカントリー」とジュゼンたちは何度も言う。貧富の差がひどいのだ。

私たちのドライバーは、どうやら道を間違えたらしく、頂上付近で急に道がアスファルトに舗装されて両側に樹木の茂った立派な通りに出たな? と思ったら、まもなくガードマン二人が警備している頑丈なゲイトの前に出た。ここ

から先は、その名も「ビバリーヒルズ」と呼ばれているプライベート私有地で、一般の人は立ち入ることができないようになっている中国人の金持ち華僑の住宅地だった。

私たちの車はUターンしてもとのデコボコ道と貧民窟を抜け、山手を降りたところにボイさんの家はあった。

広い庭にはすでに先客が何人もいてテーブルを囲んでいた。ドンさんのお母さんと妹もすでにこの家に来ていて、「ハロー」「ウエルカム」で私たちを迎えてくれた。いろいろな食事が運び込まれたが、主食は昨夜のホテルと同じく、牛肉・豚肉・鶏肉で白いご飯もつく。飲み物は缶ビールかコーラー・ジュースなど品物は日本と同じようだったが、こちらでは少し安目に売られていると思う。

ご飯とココナツを餅のように練ってバナナの葉で棒状に巻いたものは、珍しく味もよかったし、小さい帆立貝を殻つきで焼いたものはとてもおいしかった。肉と魚、ご飯の次は果物である。野菜類はどこに行ったときにも出て来なかったのが不思議であった。食卓目指して蝿が追っても追ってもたかって来るのには閉口した。

犬も沢山いる。ボイさんの家にも飼っていたが、外に出るとあちこちに痩せた小さな犬たちが何匹もいるのが奇妙だった。ストリートドッグと呼んでいた。

帰り道、折角だからと、再びビバリーヒルズの方へ向かって立派な中国の道教寺院を見学した。頂上に沿って歩くと、「開谷涵」と書かれた門に入る。右側の土手の緑の中から突如身をくねらせた大蛇ドラゴンの雄姿が現れ、勿論つくり物ではあるがハッとさせられる。赤白ピンクとつつじゃ・ブーゲンビリアが咲き乱れる天国を過ぎると、九層の塔が見え、赤や緑の極彩色に彩られたすばらしい本堂に至る。入り口で線香を買うと、寺の人がていねいに線香の持ち方・捧げ方を教えてくれる。

祭壇の前に進むと、枕が木製の台につけられたようなものが置いてあり、そこに両膝をついて立った姿勢で拝み、最後に手渡された二つの木片をわざと床に落として裏・表で吉凶を占うようになっている。寺の人は親切で、私たちにつききりで教えた後も何枚も何枚もシャッターを切ってくれた。セブ島の富の持ち主ならではの見事な寺院であった。

夕方五時には、さすがの「シナログ・パレード」も終わり、優秀賞の発表などもあって、花火が何発も何発も上がっていた。スポンサーにはスズキモーター、NECなど日系企業も多いようだった。

私たちは再びマクタンに戻り、今夜はドンさんのお母さんの家での夕食に招待されていた。

（『習志野ペン』68号掲載、平成十七年三月十五日刊行）

フィリピン・セブ島に行く（二）

ドンさんもジュゼンさんも「ＪＩＣＡ《ジャイカ》」の国内事業部の招聘事業によって来日した。「ＪＩＣＡ」とは、「国際協力事業団」といって、開発途上国への技術協力の一環として、将来の国造りを担う青年を、専門分野別に約一か月間招聘してそれぞれの分野について学ぶとともに、ホームステイ受け入れ家族などとの幅広い交流を通じて、相互理解を深めることを目的としている団体である。最初はアセアン諸国が対象であったが、現在は百か国以上に広げられ、理事長は緒方貞子さんである。

ドンさんが二〇〇二年に、ジュゼンさんが二〇〇三年に私の家にホームステイした。一か月も職場を離れて、先進国を見学して回るということは大変なビッグチャンスであるし、夫婦ともにこの恩恵に預かることができるなんて、少々不思議であったが、フィリピンを訪問している内に事情は何となく分かってくるような気がした。

シナヌグ見学のあと、ジュゼンさんが自分たちのオフィスに案内してくれた。祝日であるので、勿論仕事はお休みであったが、建物の入り口には門衛がちゃんと勤務していた。入って左側のメインと思われる立派なビルが、ドンさんの勤務する所で、反対側の建物にジュゼンさんがいて、一番奥の建物にはお母さんが勤務しているのだそうだ。

ここは水産加工品、主に貝類の輸出入の規制などを担当しているらしく、ドンさんのところには貝類に関するデータや学術書が置いてあって、彼は時々、町の貝殻細工店などに出掛けて行く。三人もの同じ家族が、一つの同じ公共の場所で公務員として仕事をしているのも不思議だったし、お父さんもまたそうであったらしいのだ。職場ではお母さんがボスで、夫婦とも日本に来ることができたのは、お母さんの計らいによるものだそうだ。ちなみにお母さんは、別の組織による研修でオランダに行ったことがあるのだと言っている。

まだこのくらいでは、驚くことはない。私たちが乗せて貰っている車は、公用車で運転手付きの立派なものである。ドンさんたち三人は、毎日この車で出勤し、帰宅するのだそうである。私たちはこの公用車のお陰で、どんなに助かったか分からないのである。

オフィスから一歩外に出れば、通りの家々は貧民窟であった。各地から不法滞在者がやって来て、家らしきものを造り、だんだんに広げて二階建てにしたり、店にしたりしているが、本当に吹けば飛ぶような古トタンの寄せ集めである。バナナの葉で屋根が作ってあったり、水は井戸水を使っている。道で子どもが用を足すと犬が来て、それを食べてしまう。

一般の交通事情はと言えば、まず「ジプニー」と呼ばれる乗り合いバス？　が多く走っている。これはどこでも乗り降り自由で大衆的なものであった。「ジプニー」とは主にジープを改造して作ったものだそうだが、元は小型のトラックだったのではないか？　あるいはバスだったのかも知れない？　と思わせるものもある。いずれも後尾が刳《く》り貫かれて乗降口になっている。中は両側に座席があり、真ん中は立つことができる。車の外側はギンギラギンに飾り立てられて、それはそれはカラフルである。シナログのご本尊を付けているものもある。後ろの乗降口には一人分の足乗せ台が外側に出ていて、一人の男が片手は天井に掴まり、身体を車の外に乗り出して手を振りながら集客したり、集金したりしている。車体には大まかな行き先が書いてあるのだそうだが、地理的に名前や方向をあまり知らない観光客がこれを利用するのは、少々無理らしい。十五人ほどが乗れて料金は五ペソである。

　次に見かけるのが「トライシクル」である。現地の人は「トレシー」と呼んでいるように聞こえたが、これはモーターサイクルの脇にサイドシートを取り付けたもので、一人か二人乗ることができて、小回りが利くので狭い道でもＯＫである。これより原始的なのが「バイスクル・サイドカー」で、運転者は自分の足でペダルを踏んで客を乗せて走るので、勾配にかかったりするとかなりきつそうである。セブシテイにはタクシーもバスもあるが数は少なく、料金はジプニーが一番安く便利だということである。

　私たちの車は、セブ島から橋を渡って再びマクタン島へ行く。橋は新旧二本あって、新しい橋の方はその名も「レインボーブリッジ」と呼ばれ、日本の横浜のものとまったく同じ形で白いロープが何本にも美しい翼のように張り巡らされていて海のブルーとよく調和している。「この橋は日本の国によって造られた」と言っているので、詳細はよく分からないが日本のＯＤＡによるものではないかと思われる。

　ドンさんのお母さんの家はマクタンの東北部に位置し、なかなか立派なお家だった。頑丈な鉄の扉が開けられると、ドーベルマンが吠えかかるのをドンさんが押さえ付けて私たちを通してくれる。ここらでは毎日のように「どこかが泥棒に入られている」ということだった。家の中にはピアノも置いてあり、家具調度品は立派なものがセンスよく配置されていて、お母さんの趣味のよさを感じさせられる。この広い家には現在はお母さんが一人で住んでいるそうだが、何かあるときには近くに住む親戚一同が集まってきてたちまち大家族のように賑やかになる。ドンさんの双児の兄はオーストラリアで仕事中で会えなかったけれど、姉夫婦と妹、弟、ドンさん夫妻、それぞれの子どもたち四人が奇しくも皆同じ四、五歳の男の子で、家の中は活気に満ちていた。お母さん曰く、
「ドンさんたち双児を育てながらオフィス務めをしたときは大変だったが、四人の孫たちが相次いでできたときもとてもしんどかった。メイドさんを三人雇っていてもてんてこ舞いだったよ」と言っていた。

　ドンさんたちは「公務員の給料が少ない」と言って嘆くけれど、メイドさんたちの給料はそれ以上に安いものらし

く、ドンさんたちも共働きで一人息子を育てているので、メイドさんを一人雇っている。彼らのいとこになる女性はスイスにいて、スイス人の家庭でメイドとして働いていてこの人は高額の給料を得ているということである。

フィリピンの女性の多くの人たちがダンサー、タレントなどの名目で日本に入国し、主にエンターテイメント的な仕事に従事しているが、これは日本への入国が厳しく規制されているためで、しかし近頃は介護士の資格保持者は受け入れるように法改正が行なわれたと聞くが、もっともっと規制をゆるめてアメリカや香港並みに日本も多数のナースやメイドを受け入れられるようになって欲しいものである。高齢化社会が目の前に迫っているのであるから……。

「私も何年か後には、フィリピンの人にメイドとして来て貰いたいわ」と言うと、ジュゼンさんが、

「私が行く。アイ　ウイル　アプライ」と言うので、

「とんでもない。私はあなたたちがおっしゃいますか。れっきとした公務員さんが何をおっしゃいますか。私はあなたたちが雇っているその若い子ぐらいを考えているのよ」と言うと、

「じゃー、チャー（女の子の名前）、あんた、日本に行く?」と冗談に聞いている。フィリピンでは小学校から英語で勉強するが、義務教育を受けていない子どもたちも多く、この人たちはタガログの現地語でないと通じない。

一月十七日

今日は「ボートに乗って周辺のクルージング」を予約してある。十時にはＨＩＳの現地ガイドのリサさんが浜辺まで迎えに来てくれることになっていた。タンブリビーチの私たちのホテルのすぐ傍は海である。一月の暖かい陽射しを体一杯に浴びて潮の香りを満喫し、どこまでも広がる遠い水平線を眺めながら、

「一体どこからボートに乗るのだろう」と考えたが、それは「向うに見える桟橋からに違いない」と思って歩いて行った。桟橋は石とコンクリートでできた土堤で、私たちのタンブリホテルと隣のリゾートホテルとの境界線上にあり、約二十メートルほど砂浜から海へ向かって突き出している。そこへ上がろうとするのだが、タンブリホテル側の砂浜には階段がなくて登れないようになっている。どうやらこの桟橋は隣のホテルの持ち物で、ここからはプライベートビーチになっているらしい。近寄って見ると、金筋入りの警官のようなユニホームを着たガードマンが銃を構えて立っている。でも桟橋の突端には階段らしきものが海の中から上へと付いていて、そこには潮焼けした労働者風の男たちが七、八人も屯していて私たちを手招きする。幸いサンダル履きだった私は、海中の浅瀬の中を歩いて突端まで行って桟橋に這い上がった。和子さんはといえば、この愛想のよい荒くれ男の一人にオンブされて登って来た。私が申し訳のように無造作に作られた階段に足を乗せると手を貸してくれたり、荷物を持ってくれたり彼らは陽気でなかなか親切である。

「船に乗るのだろう?」と言うから、「イエス」と言うと、「こ

の船に乗りなさい」と言う。私たちは、「予約してあるから」と言っても、「大丈夫、大丈夫」と片言の日本語で今にも連れていってくれそうな気配である。

そのうちに三十名くらいの韓国人のグループがやって来て、私たちのようにオンブして貰ってボートへ乗り込む人も何人かいた。見ているとオンブして貰った人は何がしかのチップを払っている人もありで、チップを受け取った男はそれを自分たちのボスに渡していた。あとで分け前を貰う仕組みになっているのだろう。

私の友だちの和子さんもオンブのチップを払おうとしていた。まさにそのとき、私たちのガイドのリサがただならぬ血相で息せき切って走って来た。そして矢庭にその男に手渡しかけているチップを和子さんの手に押し返し現地語で語気鋭く彼らにまくし立てて、今度は私たちに、「どうしてビーチで待っていなかったのですか?」と怒られてしまった。彼女としては私たちが他の船に乗せられたりしたら大変だったので、怒るのも無理はなかったのだろうが、それにしても大勢の男たちを威圧して一歩も引かず、チップも取り戻したりしたくれて自分のツアー客を守っていく勇ましさには圧倒された。フィリピンの女性上位のさまを、ここでもしっかりと見せつけられた。

ほどなくHISと大きく書かれた立派なボートが現れて、私たちは乗船した。船は真っ白な船体に、両サイドにはまた真っ白に塗られた棹状のものが幾つかに区切られて、翼のように海中に浮かんでいる。ダイバーはこれに掴まって飛び込んで行くのだ。しかし今日の乗船客は和子さんと私の二人だけでリサも合わせて三人。クルーは船長を初めとした屈強な三人の男たちで貸し切りの状態。贅沢なクルージングであった。

船に乗って海側から島を見るのもまた一興で、エキゾチックなバンガローの凝った形。白い美しい遠浅の砂浜と生い茂る緑のマングローブ。

「ここからはうちの海ですよ」と言って赤い目印の浮きなどを浮かべているプライベートビーチ。水中では珊瑚礁の周りを熱帯魚が泳いでいるのであろう。現地の人は海の中に入って立ったままで魚を釣っている。島の先端に聳え立っている一際立派な建物は、シャングリラ・マクタンホテルで島内のナンバーワンである。

クルーズも終わりに近い頃、ハンサム船長が、やおら立ち上がって私たちの傍に品物を持って来た。それは貝のネックレスとイヤリングと腕輪のセットで、ここで作られた本物だと言う。煩いエンジンの音もしばらく止めて、船長は和子さんにトライしている。このときはリサも彼氏に協力して、しきりに買うようにと勧めているのがおかしい。和子さんが「OK」して買うことにしたので、船は再びエンジンがかかって私たちは元の桟橋に着いた。

あとでジュゼンたちに「本物かどうか」と見て貰うと「真っ赤な偽物」ということで、私たちはガッカリした。

（「習志野ペン」69号掲載、平成十七年六月十五日刊行）

フィリピン・セブ島に行く（三）

私たちがクルージングを終えてホテルに戻っていると、ドンさん夫婦とお母さんが迎えに来てくれて、

「昼飯は何を食べたい？」と尋ねるので、私は、

「フィリピン・シーフード」と答えた。

今日は車も運転手も昨日とは代わっていて、運転手さんも私たちと一緒にレストランに食べに行った。お母さんが行きつけのシーフードレストランは、いかにもローカル風で草葺き屋根の煤けた建物で、お世辞にも「きれい」とは言える所ではなかったが、建物は広く二階は風通しがよくて見晴しも利いていた。

一階は薄暗く、何種類かの魚や甲殻類が水槽の中に泳いでいた。店頭にはいま捕れたような魚が市場のように並べられていて、買物だけの客もあり、私たちのように「これ」と指定すると、直ちに料理してテーブルに運んでくれる仕組みになっている。

私たちがオーダーしたのは、三十センチは優に越える紅色の太った魚で、名前は「ラプラプ」と呼んでいた。それに甲羅が二十センチはあろうと思われる真ん丸い形の蟹で、これは茹で上がると真っ赤に仕上がって、それは見事であった。「ラプラプ」は、焼き魚になって現れた。他には例によっていつも出てくる小さい焼帆立と、「わかめ」のような海藻に魚の卵のようなものが産みつけられたような感じのもので、和子さんは、

「これは日本でも食べた」

と言っていたが、私は初めてだったので珍しかった。後で考えると、これがいけなかったような気がする。しかしそのときはどれもおいしく、現地のシーフード料理に満足し、お腹一杯になって外に出た。この店はかなり有名らしく、後で調べるとガイドブックにも載っていた。

お母さんの提案で店の近くにある「ラプラプ像」を見に行くことになった。歩いて二分ほどの所にあるのだが、一月といえども午後の日しはかなり厳しい。お母さんはパタパタと扇子を使っている。すると私たちが店を出るのを待ちかねたようにして、男の子が五、六人近付いて来た。なかでも一番年嵩なのが大きなビーチパラソルを持っていて、私に差しかけてくれるのである。私は最初、これはお店のサービスか？　と思ったがそうではないらしい。他の子どもは両手を差し出して何かをねだっている。例によって和子さんは小銭を与えているようだったが、ドンさんに聞くと、「やることはないよ」と言った。

パラソルのお世話になったかならないかの内に、「マゼラン記念碑」と「ラプラプ像」のある公園に着いた。

ラプラプとは、フィリピンの独立の先駆けとなった人で、マクタン島の酋長であったが、スペインのマゼランが大平洋を渡ってやって来てこのセブ島に上陸した。スペイン人は宗教を広め、交易を始めて次第にこの地をコロナイズ化

し始めた。脅威を感じたラプラプは敢然とこれに立ち向かった勇士であり、彼の放った矢の傷が元で遂にマゼランは死に至ったということである。手には長い刀と盾を持って権力に臆しないその勇姿が、人々の尊敬を集めていた。

立像の勇士の名前がラプラプ、食べた魚もラプラプ、昨日、私たちを乗せてくれた運転手さんの名前もラプラプ、さらにはマクタン島で一番大きい町の名前もまたラプラプ市であった。

マクタン島はギターの産地としても有名で、数多くのギター工場があり小売りもやっているというので、ラプラプ像の後、私たちの車はギター工場に着いた。生憎、工場はお休みで仕事はしていなかったが、たくさんのギターやウクレレが陳列されている場所でいろいろな説明を聞き、最後にはギターリストを連れてきて演奏してくれた。クラシックからエレキまでいろいろな形のギターが、貝殻の飾りを付けたり、カラフルに彩られたりしていたが、結局は箱ものの木の種類によって値段が決まるそうだ。和子さんはアカシアの木でできた最も高価なものを買ってしまった。ケースも買ってかなりかさ張るものになったので「日本まで無事に持って帰れるだろうか」と心配だったが、和子さんはこれを機内持ち込みで見事やってのけたので感心した。

セブもマクタンも何といっても一番の観光客は、スキューバーダイビングなどのマリンスポーツである。私たちのホテルのタンブリビーチの周辺にはダイビングスポットが目白押しで、日本人のダイバーのために日本人のインストラクターや、日本人のダイビングサービスの経営者、また日本人の所有する島もあるらしい。

貝殻細工専門の土産物品などを見て、私たちは再び橋を渡ってセブ島に出た。夕方近くになると、会社帰りの人たちや帰宅する生徒たちで道は渋滞するが、交通信号は滅多にお目にかからない。どの車もジプニーもトレイシカルも、狭いスペースを上手にすり抜けるように通り過ぎて行く。すばらしいテクニックである。校門が開いて中学生たちが姿を見せたが、ユニホームの色がピンクなのだ。これはまた日本にはない色である。

セブ本島にはまた「アラヤ・センター・セブ」と呼ばれる「ららぽーと」顔負けの巨大ショッピングセンターが新しく建てられていて、人々を魅き付けている。ここはお母さんのフェイボリット・スポットで、三日に一度は行く所だそうだ。私たちもここで買物を楽しんだ後、モールの中の豪華な中華レストランに案内された。お母さんが鶏の丸焼き、帆立貝、スープ、サラダなどを注文してくれて、ここで初めて野菜にありつくことができた。チンゲン菜も出た。レタスなど生野菜のサラダもここにはあった。野菜を食べて何かほっとしたような落ち着いた気分にはなったけれど、昼と夜と続けての贅沢な食事には誰もが食傷気味で、折角の鶏も大部分がテイク・アウトの持ち帰りとなつた。夜、ホテルに着いてから私は胃散を服用することになった。

翌日はボホール島観光。

ボホール島はビザヤ諸島のほぼ中央に位置して比較的大きい島である。島の真ん中にはチョコレートヒルズと言って、三十メートルくらいの円錐形の小山が千個以上も集まっている観光地がある。夏の乾燥期には草木が枯れてチョコレート色になり、独特の景観を作り出しているという。

また「ターシャ」と言って手の平に乗るくらいの世界で一番小さいメガネザルを見ることができるコレラ村へ行くのだそうだ。

この日の同行者はお母さんとドンさんが抜けて、代わりに末の妹のクリスティーヌと彼女のボーイフレンドのジョエルが一緒に行くことになった。それにジュゼンと和子さんと私。クリスティーヌは眼鏡を掛けた大学生で、ドンさんとよく似た感じの大人しい女の子。

「チョコレートヒルズにはまだ一度も行ったことがない」と言っていた。ジョエルとは高校のときからの幼馴染みで、彼は日本系企業のNECに勤務している。まだ日本には来たことがないが、宮城県か山梨県に転勤になる可能性があるそうで、日本の様子を知りたがっていた。

私たちのスケジュールはいつの間にか誰かの手によって定められてしまうので、チョコレートヒルズがどのくらい遠くて、どのくらい歩かねばならないのか？　まったく分からないまま船に乗せられた。

何だか嫌な予感がしてきた。と言うのは、新手《あらて》はまったく若い二人である。ヒルズというと山歩きらしいが、はたして私が付いていけるのであろうか？　旅も四日目になると疲労の色が現れて、自分の体調が覚束なくなってくるのである。

案の定というか、船に乗って三十分くらい経った頃、急にトイレに行きたくなった。何だかお腹に異変を感じた。ガスが溜って来て、それがお腹を駆け巡って放出されるまでが苦しみを伴う。幸いトイレは私の席の近くにあったので何回も通うことができたが、出航して一時間二十分。船がやっと港に着いたときは、フラフラしていて目も満足に開けてはいられない状態。これでは丘陵地帯は歩ける筈がない。

ジョホールの港ではたくさんの人たちが下船して、ジュゼンさんの手配で知人の息子さんがジープを船に横付けするような格好で迎えに来てくれていた。

「どこか一番近いホテルに連れて行ってください。私はそこで休んでいるから……」

と言った。連れて行かれたのはホテルではなく立派な民家で、ここもジュゼンさんの親しい知人の家だという。

「ホテルは遠いから、取り合えずこの家で休ませて貰うことにしたから」

と言ってくれて、この家の奥さんの案内で、私はベッドに寝かせて貰った。あとの人たちもしばらく休憩して丘へと向かったが、ジュゼンさんが、

「私は看病のためにこの家に残る」と言うので、

「大丈夫、一人でOKだから一緒に行って頂戴！」と何度も

頼むのに、

「自分はチョコレートヒルズには何回も行ったから、ここに残りたい」と言って譲らなかった。

広い部屋に大きなダブルベッド。トイレもすぐ隣にあり私はとても助かった。しかしお腹はますます痛くなりぐるぐる鳴ってはトイレ行きの繰り返しで、体じゅう熱が出たような感じがする。ジュゼンさんや家の人が心配して何回も見舞いに来ては、薬を勧めたり、飲み物を勧めたりしてくれるが、私はそれが煩わしくて、

「今は何も食べられない。お願いだから一人にして」と哀願し、「リーブ・ミー・アローン」と映画で覚えた台詞《せりふ》が、この非常事態にパッと出て来た。

これは我ながら上出来だったが、もっとロマンチックなときに使いたかったのに……今度は突然に吐き気を催した。慌ててトイレに駆け込むと同時にかなり大量の残滓を胃の中から吐瀉《としゃ》し、その反動で下痢も同時進行した。目は白黒、よだれは口許を伝わって流れていき、それはひどい状態で、こんな経験は生まれて初めてだった。

口の中からは何とも言えない嫌な匂いが漂ってきて、昨日食べたあの海藻を思い出させた。でも吐いた後、気分は少しよくなった。ホースの水で体を洗い、床も少し掃除しかけていると、ジュゼンさんが助けに来てくれて、背中を摩ってくれ掃除もしてくれた。ジュゼンさんにパンツとワンピースを買って来てくれるように頼んだら、何ともよく気が付く彼女は、ついでに「紙おむつ」も持って来てくれた。

この家には私よりも年上らしいお婆さんがいたので、その人から貰ってくれたらしい。わたしは本当に助かった。人々の親切が、とてもとても身に染みた。

「便に血が混じっていなかったか?」

「熱はないか?」

「病院に連れて行こうか?」

「お粥を作ったから食べないか?」

などなどの申し出は全部有難くお断りして、少量の水だけを口に含み、断食療法をすることに決めた。

やがて和子さんたちも帰って来たので、またフラフラしながらジープに乗り、また船に乗ってホテルに帰って来た。

翌朝は五時にモーニングコールを頼んで、やっとのことで荷造りも終えた。下痢はようやく止まったようだった。

最後の日の朝、ホテルの部屋からフロントまで荷物を運んで貰うのに、「ポーターをお願いします」と言ったらまもなく、「ヘーイ! ハロー!」とドアをノックしたので開けて見ると、ポットにホットウォーターを入れたものを持って、ホテルマンが立っていたのだ。私は唖然とした。

「ポーター」と「ホット」の発音は似ていたが、現れたのは全然別物であったのだ。ショックで自信喪失!

今回の旅行は「始め良し。後悪し」で、日本に帰ると、「ナノウイルス」による発病や死亡事故が頻発しており、私も「これであったのではなかろうか?」と密かに思っている。

(「習志野ペン」70号掲載、平成十七年九月十五日刊行)

▲ＨＩＳのダイビング用観光ボート。
▼現地ガイドのリサとクルーのメンバーたち。

▲桟橋に屯していた屈強男に背負われた和子さん。

▶ボイさんの家の昼食に招待される。

▲タスカルーサのデュポン市長と著者。
▼華麗な中国道教寺院「開谷涵」。

▲シナログパレード。

思い出の人々

▲右端がドイツから来た青年ヨング君。(P58 参照)

▼ロシア人ガイドのミハエルさん。(P83 参照)

▲リサとリンダの兄ラーリー(右)とその友人。(P74 参照)

▲神輿を担ぐドイツ青年シュレーダー君。

▲「ロバートを囲む「習志野ペン」の同人たち。(P26 参照) ▶
▶マヤ民族の青年とユカタン半島で写す。(P 57 参照)
▼スークの中にあるイスラムの学校。(P57 参照)

▶ウラジオストックから観光に来た大学生。(P83参照)

▲平成十七年の生涯学習セミナーの講師を勤めた。
▼著者を囲むホームステイした友人たち。

ホームステイとその心

習志野ペン五十号発行記念講演会
『ホームステイとその心』
講師　武田　直子
習志野ペンクラブ同人
習志野市国際交流協会
・県国際交流協会所属

アメリカ、カナダをはじめ八カ国三十人以上の外国人をホームステイさせ、自らも欧米の家庭に何度も出掛けた。楽しい話。失敗談。でもどれもが心温まる話の数々です。「あなたも、きっと外国の人と友だちになれる」と、武田さんは言います。その秘訣を学びませんか。

平成十二年十月九日（月曜日）午後二時より
京成津田沼ビル・サンロード六階大会議室
入場無料
主催習志野ペンクラブ

※講演会は、既に終了しております。

ご紹介頂きました武田です。私にとって「講演」だなんて大それたことはおこがましく、あまりこういったことには馴れていませんので、少々恥ずかしく、気が重かったのでありますが、「習志野ペンクラブ」では、毎年誰かがしゃべらなくてはならないことになっているそうで、「順番ならば仕方がないので、早く終わったほうがよい」と思いましたし、またご所望の題名が「ホームステイ」ということであったので、これは現在私が地でやっていることであり、できないことでもないか？　と思い、お引き受けした次第でありました。上手にはできませんが、何とぞよろしくお願い申し上げます。

まず、話の道筋といたしましては、第一に、

一、動機
いかにしてホームステイおばさん、（正確にはホームステイおばあさん）になるに至ったか？
二、イ、わが家に受け入れた外国人のゲストたち。
ロ、私がホームステイさせて貰ったホストについて。
三、まとめ
イ、現在の状況。
ロ、アメリカのシニアについて。
ハ、反省と所感。
このような順序で始めさせて頂きます。

一九八七年の春。三十余年の教員生活を六十歳でめでたくリタイアして、九州から習志野に移って来ました。夫は

病いを得て亡くなっておりましたので、三人の息子たちが私の退職祝いにと、アメリカ行きのチケットをくれました。当時、長男がドクターとしてテキサス州のヒューストン市に住んでいたのです。

その頃（昭和六十二年）はまだアメリカとの行き来は今のように頻繁ではなく、観光旅行者の姿はなく、一部の商社マンなどのビジネス旅行に限られていました。物の恐ろしいことを知らない者は向こう見ずなことを平気でしますが、私もよく調べもせずに機中の人となったのです。

送ってくれた切符は「タイ航空」の「ダラス行き」でした。ヒューストンからダラスまでは息子が車で迎えにくるのです。一番安上がりな方法だったのでしょう。この飛行機はシアトル経由でした。

「サンキュー」「グッドモーニング」「グッドバイ」「エクスキューズミー」……と五個か十個くらいの単語しか知らないし、成田から乗り込むときも、一人として日本人らしい人の姿はありませんでした。中国人やフィリピン人。黄色い袈裟衣をまとったタイの坊さん。隣席は何とも言えない独特の香水の香りが漂ってくる新婚さんのタイ人。スチュワーデスの紫色のたすきの布を肩から垂らしたエスニックなコスチュームが印象的でした。

機内のアナウンスは最初タイ語で次は英語。どちらも私にはさっぱり分からないし、一番心配なのは、シアトルに着いたとき、シアトルで降りてしまう人と続けて乗っていく人とに分かれるので、間違えて降りる人のあとに付いて行ってしまわないか？　ということでした。シアトル近くになると、葉書より少し長めの白い用紙が配られて何か書き込まなければなりません。しかしネームとアドレスは読めてもあとは全然お手上げです。「どうしたらよいだろう？」と困っていると、近くの席にも私のような無学な中国人のおじいさんがいて、その人はスチュワーデスに書いて貰っていたので私もそうすることにしました。

スチュワーデスは俄に忙しくなって、私のパスポートとその紙を持っていってしまってなかなか戻ってきません。いささか心配しましたが、しばらく経ってからちゃんと書き込んで持ってきてくれたのでほっとしました。隣の新婚さんもシアトルでは降りないことが分かったので、その人たちに付いて無事にダラス行きに乗り込むことができました。このときの緊張ぶりは、今でも忘れることができません。

シアトルを過ぎると機内はぐっと空いてきて、横になれる状態となりました。すると前の女性が私に向かって「何かを渡してくれ」と言うのですが、私にはその「何か」が分かりません。新聞を取ってると「ノー」と言うし、枕をやると「ノー。ノー」と焦れったそうなのです。何度も応答のあと、やっと分かりました。彼女が「ハンカチーフ」と言ったのです。「ああ、これだ！」膝掛けような毛布のような布。彼女は「ブランケット」と言ったのでしょうが、私には分からなかったのです。やっとのことで「ハンカチーフ」を手渡すと、その人は「サンキュー」と言って眠ってしまいました。

さらにもう一つ。忘れもしないことが起きました。通路を隔てて向こう側の席にフィリピン人らしい中年の婦人の一団がお喋りをしていて私にも話し掛けてくるのです。私は大変困りました。頭の中を大回転させて、五十年前に女学校のときに僅かに習った英語を必死に思い出しました。そして言ったのです。

「アイ・キャン・ノット・スピイク・イングリッシュ」。戦時中でも女学校の一年のときは、まだ英語の授業がありました。私たちの英語の先生は、

「アイ、キャン・スピイク・イングリッシュ」と「アイ・キャン・ノット・スピイク・イングリッシュ」の二つのセンテンスを繰り返し繰り返し、クラス全員に一人ずつ言わせてくれたので、それをやっと思い出したのです。このときばかりは本当に有難く、昔の英語の先生に感謝しました。しかし通じたのはそこまでで、相手は、

「何だ、話せるじゃないか？」というようなことを言ってくるのです。あとは全くお手上げで、恥ずかしいやら口惜しいやら……これが英語に取り組む動機になりました。

息子の家に約一ヶ月滞在してあちこち連れて行って貰いましたが、このとき世界観が変わったのです。日本という島の中ばかりに住んでいては眼《まなこ》は開かれない！　と思いました。

帰国してからはラジオ基礎英語を聞きました。基礎英語でも十月頃になると急に難しくなり、続基礎英語となると当時の私にはとても難解だったのです。

翌年、またチャンスが訪れました。今度は娘夫婦がワシントンDCに住むことになったのです。一年間ラジオでお勉強したので「今度は大丈夫かな？」と期待しながら再びアメリカへ渡ったのに、結果は惨憺たるものでした。

今度の飛行機は全日空で日本人が多く、前回のようなスリリングな場面はまったくなくて何だか物足りなく思っていたところ、ワシントンで個人経営のサイトシーンバスに乗りました。モニュメント広場からホワイトハウス、国会議事堂、スミソニアン博物館と次々に回りながら、運転手兼ガイドの黒人のおじさんが朗々と美しい声で説明してくれるのです。

「オンザ・ライト・ビッジング……」、通り過ぎると「オンザ・レフト・ビッジング……」と言ってくれて、私はそのたびに首を右、左にと向けるのですが、ビッジングがビルデングということだけ分かって後の説明は何も聞き取れず、これまた悲しいショックでした。

もう一つはニューヨークのホテルに宿泊して、さあ出発というときに、屯していた何人かの黒人メイドさんに「今日はどこへ行くの？」と聞かれて「ナイアガラ」と答えると、私が何度言っても通じないのです。四～五回も言ったでしょうか？　最後にやっと、「おお、ナイアガーラ」と言ってくれてやっと通じたのです。アクセントの問題でした。

空港のレストランでは、ビールを注文した後、「コップを二つ」と言ったのに、コーヒーが二個運ばれてきたりしたのです。

帰国後は、ラジオの他に英会話教室に通ったり、たまたま習志野高校の先生からの依頼で、スコット君とい十九歳のアメリカの高校生をホームステイとして受け入れました。行儀のよいおとなしい男の子だつたので私も助かりましたが、言葉でのコミュニケーションは難しいものでした。「新幹線に乗りたい」と言うので、山形と仙台の祭りに連れていきました。翌年、私が彼の家に泊まってロスアンゼルスのあちこちを連れて行って貰いました。

次のベッキーは私たちの英語の先生でしたが、とても勇敢な女の子で一人で自転車に乗って福島まで行こうとしたり、幕張の浜ではサッと水着に着替えて海に入ったりするので私たちはハラハラしましたが、イギリスからお母さんが来たときには私と三人で九州へ旅行しました。ベッキーは結婚して現在はビクトリア島で英語学校を開いています。

三番目のディーンというオーストラリアから来た高校生は一年間習志野高校へ通うのですが、三ヶ月経つと「船橋の友だちの家の方がリッチだからそこへ移る」と言って転居してしまいました。一ヶ月後にどうしているか尋ねると、「ここはスーパーの経営者で家も広く金持ちだけど、店で毎日働かされるので自由がなくて嫌だ。もう一度、香澄へ帰りたい」と言うのです。私も返事をしかねていると、そのうちに東金のラーメン屋さんの友だちの家へ移りました。物怖じしない活発な少年で、香澄の祭りにはステージの上でカラオケを歌いました。お祭りのときはホームステイの皆さんによくお神輿を担いで貰いました。

今までに我が家に受け入れた外国人のお客様は、アメリカ十二人。カナダ二人。オーストラリア三人。ニュージーランド一人。中国三人。マレーシア一人。イギリス二人。ドイツ七人。スペイン二人と三十人を越え、年齢も中学生からシニアまで様々で、バラエティに富んでいます。

この夏に来たドイツ人のダニエル君二十四歳は、スポーツマンでサッカー好き。BMWの研修生として四ヶ月間のロングステイでした。八月にはドイツからガールフレンドのアンドレアさんを呼んで一緒に暮らしました。アンドレアさんは、司法試験を目指して勉強中で私の家へ来てもほとんど外出もせずに、十センチもあるような分厚い本を開いて毎日読んでいるのです。アンドレアさんは目の醒めるような美人で、ダニエル君もハンサムボーイで似合いのカップルでした。

七月の終わり頃、スペイン人の母子が一週間ステイしました。お母さんは数学のプロフェッサーで、幕張メッセで開かれる世界会議への出席のための来日で、大学生の娘さんのロシオと一緒でした。とても感じのよい人たちで、ショッピングや観光にエキサイトして滞在を延長していました。来年の四月には、セルビアの町中の人たちがフラメンコを踊るそうで「是非おいで!」と言われて、私もそのお祭りへ行くことを約束してしまいました。

あと一組は、私もメンバーである「シニアアーズ・アブロード」という団体から、ミスター・ミセス・カナーデソンのカップルが来日しました。お二人とも元教員でしたが、退職後はカルフォルニアのオレンジベルト地帯でグレープフルーツの栽培をしておられます。私は一昨年、そこでお世話になったのですが、どちらを向いても見渡す限りのオレンジ畑で、隣の山の半分が彼のプロパティで夜はコヨーテの遠吠えが聞こえてくる所でした。でも毎日の食事には新鮮なグレープフルーツとカルフォルニアワインとステーキでとてもご馳走でした。こちらでは福祉施設やサッポロビール工場などを案内しましたが、東京の混雑には馴染まなかったようです。

アメリカのシニアたちは子どもとは一緒に暮らさないので、独立して自由を楽しんでいる一方、退屈で「何か変わったことはないか」と、友だちの来るのを手ぐすね引いて待っている人も多いのです。若い人たちからいろいろのことを学び、価値観の相違を知ることも楽しいのですが。シニアとなると考え方も日本人とあまり変わらず、お互いに時間的、経済的にいくばくかの余裕もあるし交流し易いのです。彼等は夫婦ともどもゴルフを楽しみ、コンピューターでEメールを送り合い、旅行も大好き。すべてが自動車生活で運動不足のためか、週に何回かジムに通っていますが自動車で行くのです。

まとめ

「ホームステイの心は?」というと、それは「ハート・ツー・ハート」プラス好奇心! ということになるでしょうか。温かい心と愛のホスピタリティがあれば十分で、言葉の壁を乗り越えて交流が可能になってきます。しかし「言葉」は何といってもコミュニケイションの基本ですから、言葉がどれだけ通じるかによって交流の深まり方も違います。お互いにデリケートな部分が相手に伝わってこそ親密さも増す……というものです。そうなるとだんだんに長期のステイも可能になってきて、楽しみも膨らんできます。

一、ホストとして外国人を受け入れる場合は、ホスト側の対応もその期間によって異なります。

＊一週間くらいだと、自分のスケジュールを相手に合わせてパーティをしたり、よそへ連れて行ったりお相手ができますが、しかしこの間は自分の生活をある程度犠牲にしてしまいます。

＊一ヶ月以上になると、そうそうサービスばかりもしていられないので、お互いの生活のペースを崩さないように邪魔されないように、邪魔をしないように気をつけるべきです。

二、次に年齢が同じような大学生でも、日本へ何をしにやって来たのか? 目的を見極めるべきです。「研修」といっても勉強? 仕事? サイトシーン(観光)? 六本木? とかで生活態度は随分違ってくるのです。

＊ダートマス大学の日本語科の学生で一ヶ月間神田外語に通ったラッセル君は、それはそれは一生懸命で寸暇をしんで勉強していました。朝は、校門が開くのを待って一番に中へ入り、夜も遅くまで必死に日本語の勉強をしていました。休日はどこかへ誘っても「テストがあるから

……」と言って断わります。この人は学費も生活費もローンを組んでいて親からの援助はありません。「ダートマス大学は名門校なので学費も高いけど、卒業すればよい就職先が見付かる筈だから頑張っている。だけどローンを返済するには四十歳ぐらいまでかかる」と言っていました。

＊ところが翌年、ダートマスから来た白人の学生サルズマン君は悠々とした余裕のある生活態度で、日本での生活を楽しんでいて、平塚の七夕祭りへ連れていったりしましたが、勉強はあまりしないのです。「日本語はサブ教科なので別に構わない」と本人は言うし、教師から「テストは最下点です」と言われて、ホームステイ先を変えられてしまいました。

＊この夏、アメリカから千葉大へ来て、二週間私宅にホームステイしたメィディ君というイラン人の生徒の遊びっぷりはすさまじいもので、毎夜遅くまで西千葉や六本木、渋谷と遊び回り、まともに家へは帰って来ませんでした。一緒に来た十二名のうちのフィンランドの女の子を追い掛けて「今日はこうだった。彼女は十分、自分に気があるのに、強敵が現れて白人の男の子の方を向いてしまった」とか「日本の女の子は一ヶ月待たないとキスを許さないって本当か？」と私に尋ねたり、私をバーに誘ってくれたり、随分お勉強になりました。ちなみに彼のおじいさんはイランで五人のワイフを持っていたそうです。

概してアメリカ白人、日本人、ドイツ人、台湾人、近頃は韓国人も自分の生活をエンジョイする傾向にあり、一番よく勉強するのは中国の留学生、ベトナム、ペルーなどの発展途上国から選ばれて来ている学生たちで、とても頑張っていると言われています。

ときには意見の衝突もあり、よいことづくめではありませんが、通すことは通せるように、ときには英語で喧嘩もできるようになりたいものだと思っています。

シニアーズ・アブロードについて

日米の熟年層（五十歳以上）がホームステイによってお互いに交流を深めようとするもので、一九八四年に元駐日大使館員夫人エべリン・ジベッツさんの発案・創立により現在も続いている。（12ページの「シニアーズ・アブロード」を参照）

余生を楽しみながら、積極的に自立して生きているアメリカのシニアたちは、ボランティアの精神に支えられて、くよくよせず大らかに個性的である。学ぶところが多かった。これは！　ゼッタイ　オススメです。

連絡先　石井ユキ子　〇三―三四〇〇―三一一〇
435 Virginia Avenue. Winchester, Virginia, 22601
Tel : (540)722-4232・Fax : (540)722-3191
E-mail : defaz@visuallink.com

あとがき

　初めての外国旅行。それは比較的近くで、お金のかからない所から始めました。香港、台湾、シンガポール、タイランド、マレーシアなど、あまりよく覚えていないのですが、その当時は教員をしていたので、夏休みなどを利用してはチョコチョコと出掛けていたと思うのです。

　そのうちに特筆すべきことが起こりました。それは昭和五十四年（一九七九年）、文部省が主催する「教員海外派遣団」というのに、佐賀県から代表の一人として参加することができました。オランダ、西ドイツ、フランス、イギリス、イタリアの五か国の視察で、勿論、学校も見学したけれども、一ドル三百六十円の為替ルートの頃、全部公費で十八日間もかけて、ヨーロッパの国々を歴訪することができたのは本当に幸運でした。

　その頃、日本は高度成長の時期にさしかかっていて、まだ一般の観光客は稀でしたが、日本企業の活躍は活発になり各地に現地駐在員を送っていました。

「教員も海外の国をよく見てくるように！」との田中角栄さんの有難いお言葉で、私たちは勇躍、ヨーロッパの土を踏むことができたのです。今はこの有難い制度はとおになくなってしまいましたが、行かせて貰った人たちは、初めて世界の文化に触れることができ、目から鱗が落ちるようなショックを受けたのです。

　九州で三十年に余る年月を教員として多忙な毎日を過ごした後、定年を迎えるとすぐ、家を整理して習志野へ移り住んでまいりました。そのときは自由を得た喜びで、歓喜が全身を包んでおり、まったく未知の土地での生活も楽しいアドベンチャーでありました。

さて「何をしようか？」と考えた揚げ句、かねてより、「六十年も生きて来たもろもろの過去を描いてみたい」と思っていたので、船橋のカルチャーセンターで「小説の書き方」というクラブに入りました。しかし小説を読むのは好きでも一度も書いたことはなく、短歌、俳句に至ってはどちらも一首、一句も作ったことのない私には、少々無理だったのでしょう。これは半年ぐらいで止めてしまいました。

活路を見い出しかねているときに、アメリカに行くチャンスがありました。三人の子どもたちか退職祝にと切符を買ってくれたのですが、長男の住むテキサスまで一人で行かなければなりませんでした。この旅行もまた、私の目を大きく開かせてくれました。英語の必要性をしっかりと痛感して帰国し、それからはＮＨＫのラジオ基礎英語１に取り組みました。私たち年代の戦時中の女学校組は、英語の授業がほとんどオミットされて卒業したので、基礎英語Ⅱに至ってはまったく分からなかったのです。

カルチャーセンターでの学習は遅々として、成果が上がりませんでしたけれど、何年か経つうちに曲がりなりにも会話らしいものができるようになったので、今度はわが家にホームステイの外国人を迎えました。

いろいろな国からいろいろな外国の方たちが短期、長期にステイしてくれて交流が進むと、

「自分の国へもどうぞ！」

と招待してくれるようになりました。中でも「シニア・アブロード」という外国の団体に

入ってからはアメリカとの交流が頻繁になり、通算するとアメリカへは十一回も行ったことになります。

今年はオーストラリアの男の子が「結婚して今、自分で家を造っているので、でき上がったら是非泊まりに来て欲しい」と言ってきているのと、「キューバ」に行くお話で、両方ともとても心が動いています。しかし私も近頃は心身の衰えをもろに感じている七十八歳。「数え年では八十歳ですよ」と言われたり、ラスベガスの帰りには「SARS」らしきものに罹《かか》ったり、フィリピンの最後の日には、「ナノウイルス」まがいのものを頂戴いたしたりすると、もうここらが年貢の収めどきでは……とは思ったりもするのです。

文章はなかなかうまくならないのですが、自分の足跡を残す日記のようなものだと考えて、拙文を『習志野ペン』に掲載させて頂いております。関わった冊数も二十六巻を越えましたので、ここらで一区切りとして一冊にまとめ、友人、知人たちに贈呈したいと思うのです。

平成九年に「習志野ペンクラブ」会長の橋間他家男様よりのお勧めで『習志野ペン』に入会することができ、不作ながら作品を発表し、今に至っている次第です。

なお出版にあたりましては、同じ「習志野ペンクラブ」の同人である寺岡吉雄さんに多くの示唆を受けながら完成しましたことを、改めて厚くお礼申し上げます。

平成十七年八月吉日

武田　直子

著 者 略 歴

1926年10月19日生。

1945年3月　京城女子師範学校卒業後、教員となる。

　　　8月　終戦。引揚げ。結婚。育児。

1954年～　再就職（佐賀県）。

1979年　文部省教員海外派遣団として渡欧。

1987年　定年退職。習志野市へ移住。

1988～2000年　コミュニティ・ボランティアとして活動。
町会長、社会福祉協議会長などを歴任。

1995年　シニアーズ・アブロードへ入会。

1996年　習志野ペンクラブへ入会。

1997年　ペンクラブの同人となる。

2000年　「習志野ペン」50号発行記念会で講演。
演題は「ホームステイとその心」。

2001年　シニアーズ・アブロード会長より表彰状授与される。

2005年　ホームステイとして受け入れた外国人は70名を越え、
著者自身がゲストとしてホームステイした家庭は、
各国で20軒を越えている。

今後の計画　これから訪問したい国は、ケニア、南米、アラスカなど。

▼シニアーズ・アブロードよりの表彰状。

SENIORS ABROAD
INTERNATIONAL HOMESTAY
Certificate of Appreciation
is Awarded to
Noaka Takeda
for Hosting
Floyd Niernberger
Thereby Contributing to International Friendship and
Understanding of Family Life and Community Life of Older People
October 2001 Evelyn Zivetz, Director

おばあさんのホームステイ

平成二十七年十二月五日　初版第一刷　発行

著　者　武田　直子

発行所　ブイツーソリューション
〒四六六―〇八四八
名古屋市昭和区長戸町四―四〇
電話　〇五二―七九九―七三九一
ＦＡＸ　〇五二―七九九―七九八四

発売元　星雲社
〒一一二―〇〇一二
東京都文京区大塚三―二一―一〇
電話番号　〇三―三九四七―一〇二一
ＦＡＸ番号　〇三―三九四七―一六一七

印刷所　有限会社　幸進印刷

万一、落丁乱丁のある場合は送料等車負担でお取り替えいたします。
ブイツーソリューション宛にお送りください。定価はカバーに表示してあります。

ISBN 978-4-434-21332-8